日本大不同

岡部敬史──文
山出高士──攝
林詠純──譯

縱橫！日本篇

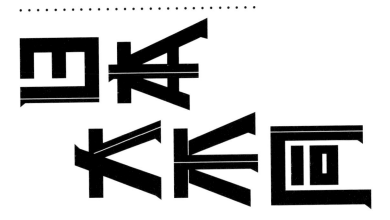

本書所介紹的是日本全國各地在文化與風俗方面的差異，列舉出「芋煮」、「城」、「御手洗糰子」等 **31** 種不同的事物，拍攝其在兩個地區的樣貌，並且為使兩者差異一目瞭然，將兩張照片並排呈現。

比較的兩地主要以「都道府縣」等一級行政區為對象，譬如「東京都與大阪府」；但其中也有幾項是以市町等二級行政區為對象，像是「日野町與鴻巢市」，或是「宇和島市與松山市」這種同縣內的比較；其他還有「關東與關西」這種更廣域的比較；或是「全國與北海道」這種以全國與特定區域為對象的比較。此外，如果橫跨多個地區，有時也會以某個地區為代表。

至於各個項目的版面配置，兩者中位於西邊的地區會安排在讀者左手邊的頁面，位於東邊的地區則安排在右手邊的頁面。舉例來說，如果比較對象是大阪府與東京都，那麼大阪府就在左頁，東京都則在右頁；至於全國與特定區域的比較，則是全國在左頁，特定區域在右頁。此外，頁面上的日本列島圖單純是為了標示比較區域的所在位置，因此用的並非日本全圖，敬請見諒。

書中的各個項目是根據五十音的順序排列而成，不過閱讀的時候無須依照順序，大家可以拿起來隨手翻一翻，從自己感興趣的部分讀起。

本書除了主要項目之外，也會透過專欄介紹日本各地形形色色的文化差異。

文字主要由岡部敬史負責，照片由山出高士負責。照片基本上都不是現成的資料，而是我們為了本書重新拍攝的作品，希望各位讀者透過專欄等內容感受到我們特地親訪拍攝的誠意。

不過，日本全國各個地區的文化、習慣、風俗差異也存在著諸多說法、解釋與例外，並且會隨著時代變遷、世代交替而改變。如果想要鉅細靡遺地說明不僅困難，也會偏離本書的核心概念，因此會根據作者的判斷聚焦在其中一點來介紹，還請各位讀者見諒。

本書介紹的各種差異，是每個地方的人們傳承下來的美妙文化，本身就有其價值。如果本書能夠成為一個契機，或多或少讓更多的人對日本的區域文化與多樣性感興趣，這對身為作者的我來說，即是最開心的事情。

——岡部敬史

Part.2 さ行 た行

Part.3　な行　は行　ま行　や行　わ行

日本專欄

動手研究專欄

設計／佐藤美幸（keekuu design labo）　封面＆內文照片／山出高士

日本大不同
縱橫日本篇

Part. 1

あ行 か行

鹽漬墨魚

イカの塩辛

富山縣

神奈川縣

紅色的是「神奈川縣的鹽漬墨魚」

鹽漬墨魚大致上可以分成 **3** 種做法。一種稱為「白造」，這種做法只用剝去表皮的墨魚身與鹽發酵，外觀接近墨魚生魚片，是宮城縣氣仙沼市的名產；另一種稱為「赤造」，這種做法是墨魚身加上內臟再以鹽發酵，是最普遍的鹽漬墨魚，作為神奈川縣小田原市的名產為人所知；至於「黑造」則是在「赤造」中加入墨魚汁，是非常有名的富山縣名產。雖然有些人因為「黑造」看起來黑糊糊、吃的時候牙齒會沾上墨魚汁而退避三舍，但也有不少人覺得墨魚汁去除了腥味，讓口味更加圓融溫和，是最容易入口的鹽漬墨魚。這幾年，外表漆黑的「富山黑拉麵」相當受歡迎，不過其黑色來自醬油與黑胡椒，與墨魚汁倒是無關。

黑色的是「富山縣的鹽漬墨魚」

能夠品嘗各種鹽漬墨魚的酒吧「shiokara」

協助我們拍攝的是位於東京都中央區銀座的酒吧「shiokara」，店內可品嘗 20 種鹽漬墨魚與日本各地的珍味。這些下酒菜不僅可搭配日本酒享用，店家也會幫忙從燒酎或葡萄酒等各種酒類中，挑選適合搭配的酒款。這次選來搭配「神奈川縣鹽漬墨魚」的酒是宮城縣石卷市的純米酒「墨廼江」，至於選來搭配「富山縣鹽漬墨魚」的則是秋田縣山本郡八峰町的「山本」。赤造搭配辛辣的酒，黑造搭配微甜的酒，真是絕妙。而黑造的滋味圓融溫和可真會讓人上癮。

多樣性帶來的豐富結晶

～某天突然迷上了「素甘糕」～

我為了「御手洗糰子」（P146）的採訪工作而前往東京都八王子市的「伊勢屋本店」，在店裡的櫥窗發現了一種叫做「素甘糕」※ 的甜點。我雖然曾聽說過這種甜點，但還是第一次親眼看到。素甘糕在關東似乎很普遍，但關西出身的我卻完全不熟悉。

「素甘糕」光看名字，會讓人以為是一種很甜的點心，但實際品嘗之後就會發現沒有想像中那麼甜。裡面沒有任何內餡，口感 Q 彈有嚼勁。「吃起來很像外郎糕 ※ 吧？」這麼一說確實如此。恰到好處的 Q 彈口感，真的相當美味。

品嘗過素甘糕之後，讓我對「外郎糕」也產生了興趣。小時候雖吃過幾次外郎糕，卻沒有留下特別美味的記憶。但既然素甘糕這麼對我的味，那長大之後的我現在應該也會喜歡外郎糕吧？便開始調查可以買到外郎糕的地方，這時我才發現外郎糕也是山口縣的名產。一般提到外郎糕，普遍都認為是名古屋的名產，但名古屋外郎糕的原料是糯米粉，山口外郎糕的特色則是使用蕨粉與葛粉製成，因此後者的口感比前者柔軟。於是我立刻前往物產店，把兩者都買來吃吃看，結果兩種我都很喜歡。名古屋與山口的外郎

※ 素甘糕（すあま）：上新粉加熱水揉製炊蒸，趁熱搗入砂糖後放入模具成形的一種和菓子。多以紅白為配色，用於喜慶場合。
※ 外郎糕（ういろう）：糯米粉加糖炊蒸製成的和菓子。外形像長型的台式年糕。

猜猜看，①和②哪個是魚板呢？答案是②。②是愛媛縣南予地區的特產「魚板刨片」（削りかまぼこ），①則是「素甘糕」。關西人看到素甘糕應該會說「不管怎麼看都是魚板啊」，確實沒錯呢（笑）。

糕，從此之後也會像東京的素甘糕一樣，成為我的心頭好吧。

本書針對好幾種和菓子做了採訪，屢屢讓我對其多樣性感到驚訝。在各地受到喜愛的特色和菓子，真的是種類繁多呢！

我為本書中的「毬果饅頭」（P16）進行採訪時，拜訪了滋賀縣日野町的「鍵屋菓子舖」，那裡的老闆告訴我「在甜饅頭皮裡揉進砂糖雖然可以放得比較久，但味道會改變」。由於他們堅持遵照傳統古法製作，所以保存期限短、販賣通路也有限。但他們特意不改變做法，想要守護傳統的滋味。

和這樣的老闆聊過之後，重新讓我憶起「傳統是一種意志」※ 這句話。這些保留至今的傳統，就是那個時代的人們想要留給後世的事物吧。

日本各地因為這樣的「意志」，留下了種類繁多的和菓子。其多樣性帶來的豐富結晶，絕對會為「和菓子」的世界增添更多魅力。然而大量生產、大量消費的時代產生的「單一性」，不正損害了這個領域、這個世界的魅力嗎？我殷切盼望各個領域都能持續保留豐富的多樣性。

※「傳統是一種意志」是《日本大不同：決戰東西篇》中也介紹過的《想要保留的日本之美 **201**》（田中優子監修，長崎出版）開頭所寫的一句話。

毬果饅頭
いがまんじゅう
日野町
滋賀縣

鴻巢市
埼玉縣

表面鋪上多彩糯米的是「日野町的毬果饅頭」

以紅豆飯包覆整體的是「鴻巢市的毬果饅頭」

雖然都叫做「毬果饅頭」，但在滋賀縣蒲生郡日野町與埼玉縣鴻巢市這兩個地方，卻會吃到外形完全不同的點心。日野町的「毬果饅頭」，是在甜饅頭表面鋪上一層彩色糯米，再炊蒸製成。糯米蒸熟之後立起來的樣子，就像栗子外殼的棘刺，因此取名為毬果饅頭。由紅、白色的糯米製成的毬果饅頭用於喜慶，黃色糯米製成的則用於法事。至於埼玉縣鴻巢市的毬果饅頭，則是在甜饅頭外面包覆一層紅豆飯再拿去蒸，紅豆飯中的紅豆看起來像就像栗子的尖刺，因而得名。當地各個家庭自古以來都會在稻作收割的季節製作這道點心。

「鍵屋菓子舖」與「木村屋製菓舖」都是製作毬果饅頭的店家

協助我們拍攝「日野町的毬果饅頭」的是當地的「鍵屋菓子舖」（かぎや菓子屋）。外皮不使用砂糖的毬果饅頭保存期限短，只在該店販賣，所以有不少遠道而來的顧客；至於協助我們拍攝「鴻巢市的毬果饅頭」的是當地的「木村屋製菓舖」，為創業於明治 38 年（1905）的和菓子老店，在毬果饅頭中包入栗子的「栗子毬果饅頭」也是該店開發出來的點心。

\山出高士的/

試著解開毬果饅頭之謎

我與「毬果饅頭」的相遇可追溯到好幾年前，當時為了幫旅遊雜誌的企劃拍攝照片，我跑遍了埼玉縣鴻巢市內的5間店，買來各店的毬果饅頭。包裹著大量紅豆飯的饅頭分量十足，但我與編輯在拍攝完畢後也只能全部吃掉，於是毬果饅頭的名字，就與那次艱辛的經驗一起牢牢地刻劃在我的記憶當中。

半年後，我因為其他工作來到愛知縣幸田町，發現車站附近的和菓子店貼著「本店販賣毬果饅頭」的紙張。「這裡竟然也有那東西 !? 」我甚至懷疑自己看錯了。但走進店裡一看，這裡販賣的毬果饅頭與鴻巢的不同，裹著黃色、綠色、粉紅色米粒的饅頭小巧可愛，問了店家才知道，這裡只會在女兒節的時候製

愛知縣幸田町販賣的「毬果饅頭」1 個 130 日圓。內餡是帶顆粒的紅豆餡。於 2011 年拍攝。

作這道點心。

這樣的經驗讓我忍不住好奇一件事情：「明明名稱相同，為什麼外形完全不同呢？」於是，這次為了看看另一種毬果饅頭而前往滋賀縣的日野町採訪，這裡的毬果饅頭也點綴著紅色、白色以及黃色的彩色米粒，與愛知縣的較為相近。

其實日本全國還有許多類似毬果饅頭的點心，譬如廣島縣吳市在龜山神社秋季祭典時販賣的「毬果餅」（いが餅），上面也撒著紅色、白色、綠色的米粒；而我也在金澤市的近江町市場發現了裹著黃色米粒的「毬果萬頭」（いが万頭）。

此外，山形縣山形市的藏王也有鋪上黃色糯

金澤的廚房「近江町市場」販賣的「毬果萬頭」1 個 120 日圓。裡面包豆沙餡。

日野町的「毬果饅頭」。裝在盒子裡看起來更美。

米的「稻花餅」；而山口縣岩國市也有同樣鋪上彩色糯米的「毬果餅」。

三重縣津市的「雞卵餅」（けいらん）雖然名稱不同，但表面同樣鋪有紅色與黃色的糯米，外形與日野町的毬果饅頭相近。

愛媛縣松山市的「魚鱗饅頭」（りんまん）也是名稱不同但外形相似的點心，不過一個饅頭會同時鋪上紅色、黃色、綠色的糯米，只在女兒節的時節販賣，就限期販賣這點來看，和我在愛知縣幸田町發現的毬果饅頭相同。至於以岡崎市為中心的三河地區，當地的毬果饅頭也和「魚鱗饅頭」一樣，使用紅色、黃色、綠色的糯米。據說糯米的顏色具有不同意義，「紅色代表驅邪，黃色代表豐收，綠色代表生

日本全國「毬果饅頭」地圖

名稱與「毬果饅頭」相同，或是形狀類似的點心之主要分布區域。

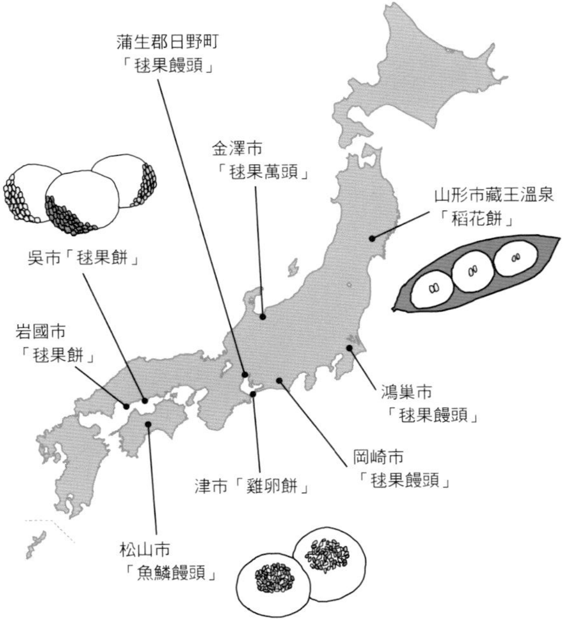

命力」。不同的是，一個魚鱗饅頭上會有三種顏色的糯米，但三河地區的毬果饅頭只會用一種顏色。

由此可知，日本全國的毬果饅頭或毬果餅，幾乎都使用彩色的米，而包裹著紅豆飯的鴻巢市應該是唯一的例外。或許除了鴻巢市之外，其他地方的毬果饅頭都有著相同的源流吧。

日野町「鍵屋菓子舖」的老闆推測：「色彩鮮豔的毬果饅頭，原本應該是祭祀神明的供品吧」。這點也與鴻巢市不同，鴻巢市的毬果饅頭在各個家庭中製作，屬於庶民的點心。

兩者都因為外層的米粒形狀讓人聯想到栗子的毬果，而有了這樣的名稱，至於名稱相同這點，說不定只是偶然吧。不過，既然兩種點心難得擁有相同的名稱，我期待日後能有更多的交流。

狗
いぬ
和歌山縣

山梨縣

白色的是「和歌山縣的狗」

虎斑的是「山梨縣的狗」

這裡介紹的「和歌山縣的狗」，是飼養於紀伊半島山區的「紀州犬」，範圍包括和歌山、三重、奈良縣等。紀州犬過去作為獵犬相當活躍，個性非常忠於飼主。特徵為毛色幾乎都是白色，臉型犀利帥氣；至於「山梨縣的狗」則是同樣飼養於山區的「甲斐犬」。特徵為身軀結實、耳朵豎起，毛色為虎斑色。據說虎斑紋是在山林裡狩獵的保護色。「紀州犬」與「甲斐犬」等 **6** 種自古以來棲息在日本的日本犬，都被列為日本的國家天然紀念物。

被指定為國家天然紀念物的六種日本犬

柴犬

四國犬

協助我們攝影的是公益社團法人日本犬保存協會東京分會，這次為了拍攝，叨擾了該協會主辦的 2018 年度春季東京分會展覽會。名列天然紀念物的 6 種日本犬中，除了前頁介紹的「紀州犬」與「甲斐犬」之外，在現場還看到了左邊照片中的「柴犬」，以及右邊照片中姿態像狼的「四國犬」（剩下的 2 種是「秋田犬」與「北海道犬」）。可愛又帥氣的日本犬，不管哪一種都非常美。

山形市

山形県

芋煮
いもに

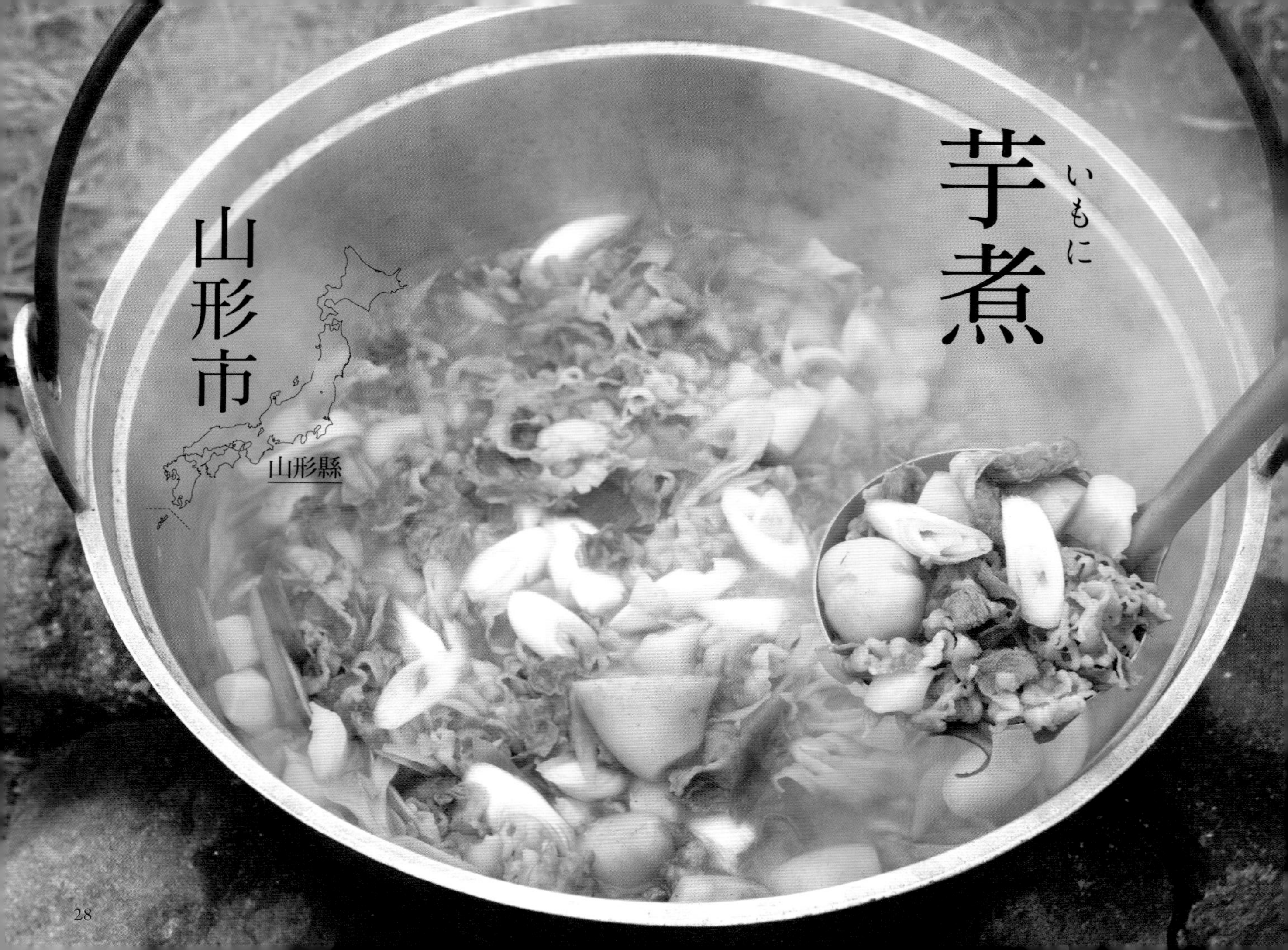

仙台市
宮城縣

使用牛肉並以醬油調味的是「山形市的芋煮」

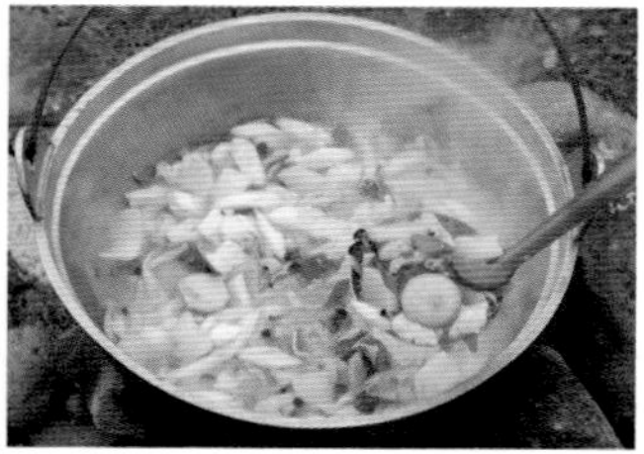

使用豬肉並以味噌調味的是「仙台市的芋煮」

「芋煮」是用里芋和肉類等食材一起燉煮的料理，日本東北一帶非常盛行入秋後在河邊燉芋煮，舉辦「芋煮會」。不過，芋煮的食譜因地區而異，位於山形縣內陸的山形市使用牛肉製作芋煮，並以醬油調味。但同樣都是山形縣，臨日本海的庄內地區卻和宮城縣仙台市等地一樣，普遍使用豬肉製作，並以味噌調味。兩者都主張自己的芋煮比較美味，網路上以「芋煮戰爭」為主題的論戰熱烈交鋒。附帶一提，岩手縣等地則使用雞肉製作芋煮。

芋煮的聖地「馬見崎川河畔」

這次為了拍攝芋煮，我們造訪了山形縣山形市的馬見崎川河畔，這裡堪稱芋煮聖地，每年 9 月都會舉辦「日本第一的芋煮嘉年華」。透過住在山形的朋友協助，我們在這裡製作了山形芋煮和仙台芋煮與大家一起分享。山形人當然會說「還是牛肉口味的好吃吧」，但豬肉口味吃起來溫和圓融，兩種都很美味喔。秋日待在河畔，吃著熱呼呼的芋煮配啤酒，別有一番風味。我自己因為花粉症的關係，一直以來都與春天的賞花會無緣，真希望這種秋天的芋煮文化，可以推廣到日本全國啊。

籃子
カゴ
別府市
大分縣

山形市

竹編的是「別府市的籃子」

山葡萄藤編的是「山形市的籃子」

日本的籃子以竹子分布的北限為界，呈現不同的形式。在東北以南的廣大範圍中，籃子主要以竹子為材料，而大分縣別府市就是竹編籃子的主要產地之一。別府是知名的日本第一溫泉區，自古以來各地的泡湯客都聚集於此，竹工藝紀念品的需求量增加，竹編籃子的製作也因此盛行。至於東北一帶，本書介紹的山形籃子使用山葡萄的樹皮製作。山葡萄藤材質強韌，在竹子無法生長的寒冷地帶，是製作籃子的珍貴材料。山葡萄藤堅韌到可以拉車，加工起來雖然費力，但愈用就會愈順手、愈柔軟。

全世界的籃子齊聚一堂「籃子編織鳥」

協助我們拍攝的是位於東京都國立市的籃子專賣店「籃子編織鳥」（カゴアミドリ）。在不同的國家、地區、文化之下，使用不同的技法與材質製作的籃子，外觀各形各色，有很大的學問。而這間店便是能夠充分感受籃子魅力的寶地，店裡有使用稻稈製作、作為貓床使用的長野縣「貓籃」（猫つぐら），還有使用桂竹製作、用來運送豆腐的鹿兒島縣「豆腐籃」（おかべかご）等等，許多兼具功能性和外型的籃子，值得來此一訪。

防火護符

火事のお守り

沖繩縣

東京都

水字螺是「沖繩縣的防火護符」

火災從古至今、不論在何處都是為人畏懼的災害，因此各地皆有形形色色的防火護符。沖繩縣流傳的防火護符是「水字螺」，其名稱來自與「水」字相近的外形。而水字螺不只是防火護符，也被當作避邪、防範海難的護符，裝飾於玄關。附帶一提，螺肉也能食用。至於東京的防火護符則是「防火風箏」（火除け凧），據說源自於江戶時代的王子稻荷神社（東京都北區），因為放風箏時能夠阻斷引來大火的「風」，所以這間神社就將奴僕造形的風箏發放給人們。王子稻荷神社至今依然在每年二月初五舉辦名為「凧市」的集市，許多人都來這裡買防火風箏，相當熱鬧。

防火風箏是「東京都的防火護符」

鯱瓦也是為了防火

日本城的天守閣與櫓的屋頂上，經常可見成對的鯱瓦，其功能也是防火。鯱是一種虎頭魚身的幻想生物，傳說建築物失火時，會從口中噴出水來滅火。此外，蟬在破蛹而出時會小便，因此也被當作防火護符使用，譬如有些梁柱上裝飾著銅製的蟬。

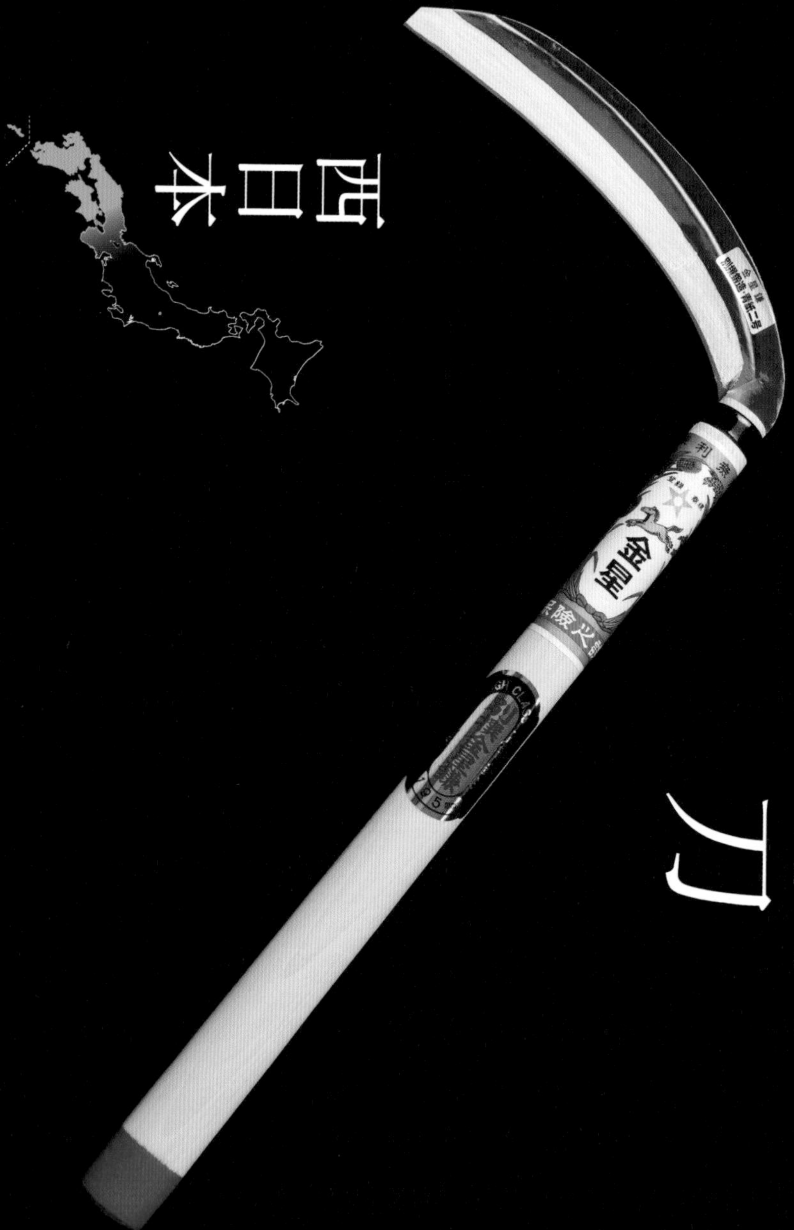

鎌刀

かま

西日本

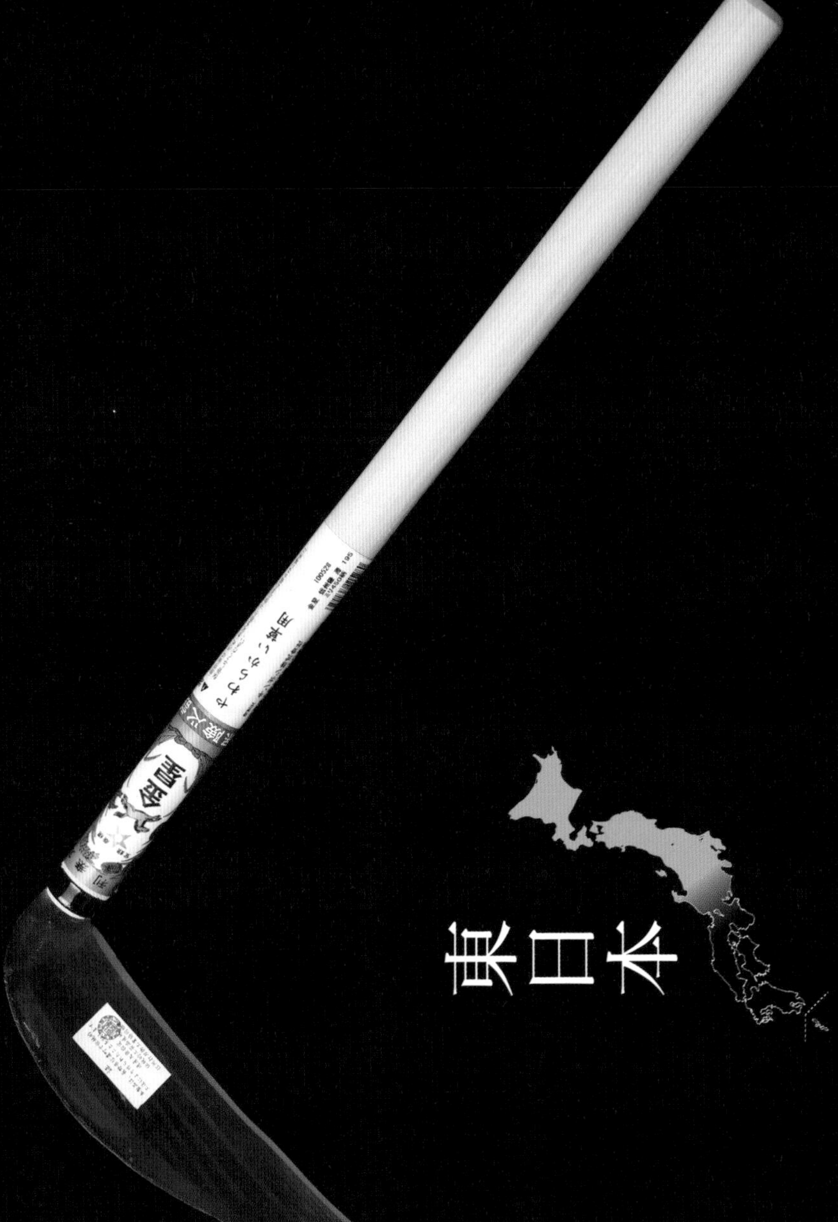

東日本

西日本普遍使用短柄的「播州鐮」

東日本普遍使用長柄的「信州鐮」

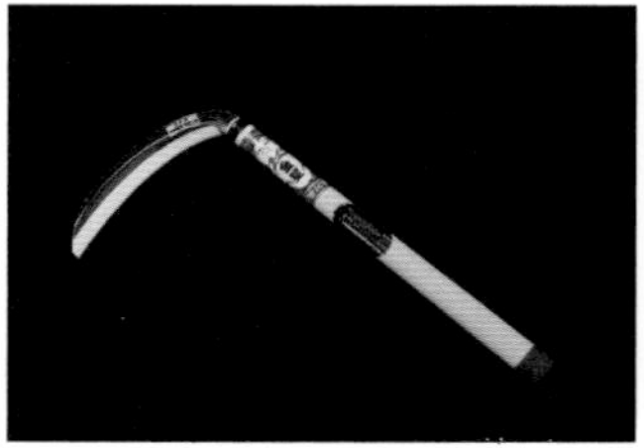

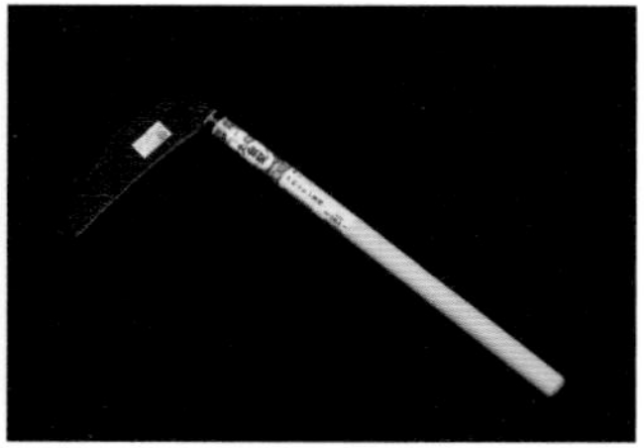

每個地方的地形與草的類型都不一樣，因此用來割草的鐮刀也有各種不同的造形。西日本普遍使用刀身窄、握柄短的「播州鐮」。這種鐮刀為西日本的山區廣泛使用，使用時一手握著草，一手用鐮刀將其割除；至於東日本普遍使用刀身寬、握柄長的「信州鐮」。這種鐮刀適合以揮動的方式除草，多用於東日本占地寬廣的平原。使用鐮刀工作的人，必須配合鐮刀的形狀移動身軀，因此只要形狀稍微不對，就會「割不斷、容易累、受傷」，因此現在鐮刀的造型，光是常規款就有 **200** 種以上。

播州鐮依雙刃與單刃分為關東型與關西型

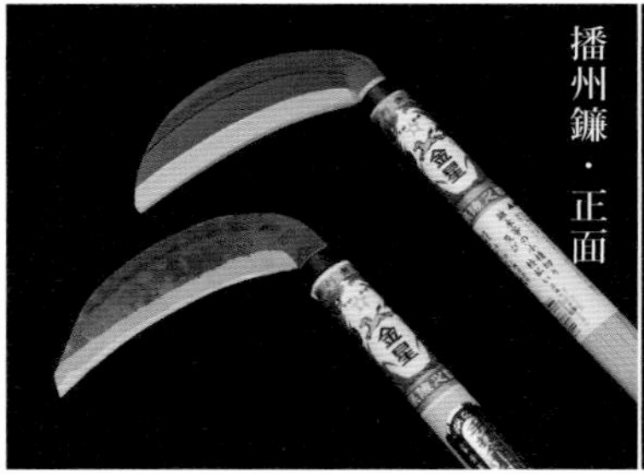

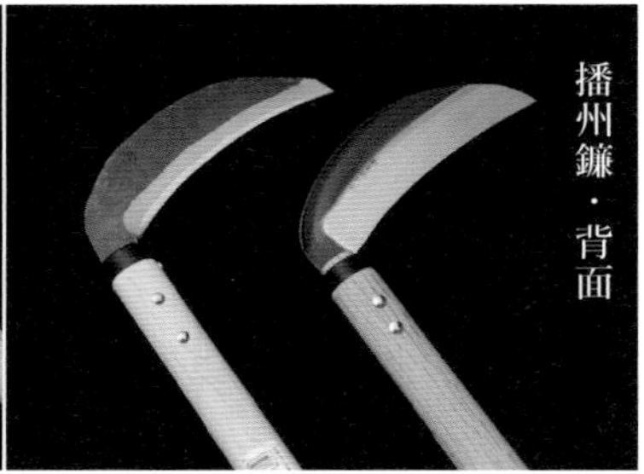

協助我們拍攝的是總公司位在兵庫縣小野市的鐮刀製造公司「金星株式會社」，公司成立於明治 3 年（1870），為因應各地使用者的需求，蒐集了日本全國的鐮刀並分析其特徵，以清楚明瞭的方式於總公司陳列展示。鐮刀的種類細分到令人吃驚的程度，即使同屬播州鐮，還會再分成厚刃的關西型（位於兩張照片的左側），以及單刃的關東型（位於兩張照片的右側）。附帶一提，翻土的鋤頭形狀變化更多，就算是專業的業務，要記住這些似乎也很辛苦。

大阪府

魚板用木板

かまぼこ板

神奈川縣

「大阪府的魚板用木板」使用杉木製作

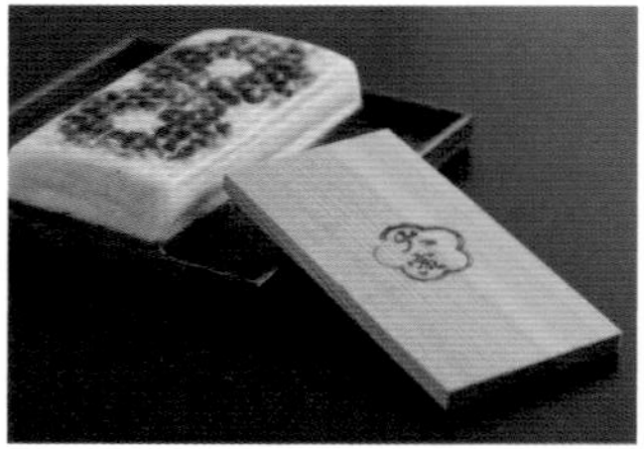

「神奈川縣的魚板用木板」使用樅木製作

魚板在日本各地有許多種類，而製作魚板時使用的木板也各不相同。這裡介紹的「大阪府的魚板用木板」使用以日本最高級國產杉木聞名的「吉野杉」製作，關西偏好留有木板香氣的魚板，因此自古以來都使用杉木製作。至於「神奈川縣的魚板用木板」則使用樅木製作，關東不喜歡魚板沾附木板的氣味，所以一直以來都使用氣味較不明顯的樅木或白檜製作木板。此外，樅木和白檜還具有即使沾濕也不改木色的特徵。附帶一提，木板能夠吸收多餘的水分，具有防霉的效果，因此魚板下面才會墊著木板。

就連木板也很講究的「大寅蒲鉾」與「丸宇田代」

協助我們拍攝「大阪府的魚板用木板」的是總店位於大阪市中央區的「大寅蒲鉾」。這是一間創立於明治 9 年（1876）的老店，也是至今依然使用吉野杉木板的極少數店家之一。至於協助我們拍攝「神奈川縣魚板用木板」的則是神奈川縣小田原市的「丸宇田代」（丸う田代），這家店也擁有悠久的歷史，從明治初年就經營水產業兼製作魚板，其木板來源為海外的樅木或白檜疏伐木。大寅蒲鉾的魚板以狼牙鱔為原料，採用先蒸後烤的關西做法；至於丸宇田代則使用白口魚，蒸好後直接品嘗，屬於小田原風格。雖然都是魚板，但每個地方皆有各自的講究。

岡部敬史的

我觀察了東邊與西邊的鼴鼠

日本的東西差異，不只食物或工具，棲息的生物也不同。以蟬為例，關東比較多日本油蟬，關西則比較多熊蟬。又譬如蒲公英，在關東綻放的品種似乎也與關西不同。我調查了生物的差異後發現，鼴鼠的種類也有東西之別。

鼴鼠主要有兩大勢力，分別是棲息於關東的「東鼴鼠」與棲息於關西的「神戶鼴鼠」，據說鼴鼠無法與其他種類的鼴鼠共存於同一片土地上，很快就會起衝突，所以體型較大的神戶鼴鼠就將東鼴鼠的棲息範圍趕到了東邊。

換句話說，就是發生了「東西鼴鼠之戰」，既然如此，我還真想看看這兩種鼴鼠。一調查後發現，東京都的多摩動物公園就有飼養。

於是我立刻前往採訪。東鼴鼠與神戶鼴鼠都

我為了觀察東邊與西邊的鼴鼠，來到東京都日野市多摩動物公園的「鼴鼠之家」。

「鼴鼠之家」裡，分別飼養了 5 隻東鼴鼠與 5 隻神戶鼴鼠。

養在園內的「鼴鼠之家」，進去之後令我訝異的是，鼴鼠竟然就在頭上跑來跑去。

鼴鼠之家的天花板上，吊掛著金屬網子製成的通道，這些通道串聯在一起，讓鼴鼠可以在裡面來來去去。觀察時經常響起「鈴鈴」的鈴聲，而這就是鼴鼠經過通道的訊號，抬起頭來就能看到有東西跑過去。

我心裡起了如此疑問：「如果東鼴鼠和神戶鼴鼠都能在通道中自由自在地移動，不會打起來嗎……」，但顯然擔心是多餘的。貼在牆壁上的解說板「鼴鼠前輩教教我！」上就寫著這樣的提問：「鼴鼠通道全都是連通的嗎？」

「想太多！！要是全都連通，現在可就陷入大亂鬥啦！我們鼴鼠的領域意識很強，對於闖

「鼴鼠之家」的通道將「飼料區」及「窩」連接起來。

鼴鼠一通過頭頂上的通道，鈴聲就會響起。

進自己領域的傢伙，可不會手下留情 !! 所以每條通道都是各自獨立的喔。」

鼴鼠前輩用如此的毒舌路線回答了各種問題。譬如「通道不會太窄嗎？」鼴鼠前輩對此回答：「窄才好啊！我們挖出來的洞穴大小，差不多只能剛好讓身體通過。因為我們的眼睛看不見，只能依靠身體的觸覺，要是身體碰不到東西，反而會覺得沒有安全感呢。如果是東鼴鼠的話，甚至還能在這麼窄的通道裡轉換方向喔 !! 」

雖然因為飼養在這麼窄的通道裡，沒辦法針對東鼴鼠與神戶鼴鼠的外觀仔細比較觀察，但透過這次的採訪，學到了以前幾乎不知道的鼴鼠生態小知識，還是非常有意義的。此外，根

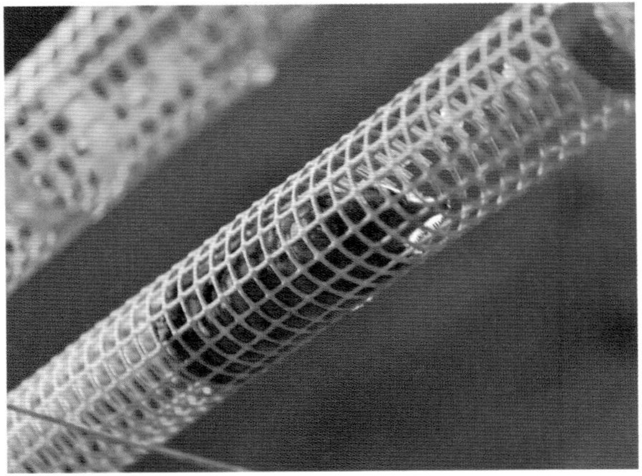

通過通道的鼴鼠看起來就像這樣，所以沒辦法觀察「東鼴鼠」與「神戶鼴鼠」的細節特徵，頂多只能看出神戶鼴鼠的體型大了一點，除此之外在外觀上似乎沒有明顯的區別。

貼在牆壁上的解說板「鼴鼠前輩教教我！」因為鼴鼠的毒舌語氣而大受歡迎。這塊板子說明鼴鼠不會因為照射到太陽光就死掉。

據採訪後閱讀的《鼴鼠博士的鼴鼠故事》（川田伸一郎著，岩波少年新書）介紹，日本除了東鼴鼠與神戶鼴鼠之外，還有另外 4 種鼴鼠。分別是只棲息在新潟縣佐渡島與越後平原的佐渡鼴鼠及越後鼴鼠，還有雖然分布範圍廣、但只棲息在高海拔山區的角髮鼴鼠，以及發現於尖閣諸島、但至今只發現過 1 隻的尖閣鼴鼠。

附帶一提，北海道似乎沒有鼴鼠，但其原因在研究者間依然成謎。看來鼴鼠之謎還挺有的魅力呢。

黍糰子

きびだんご

岡山縣

北海道

白色圓形的是「岡山縣的黍糰子」

褐色長條形的是「北海道的黍糰子」

桃太郎的「黍糰子」（又稱吉備糰子），原本是將黍米蒸熟製成的點心。而岡山縣的和菓子店「廣榮堂」以糯米代替黍米，並加入上白糖與麥芽糖混和揉製，做出柔軟的求肥※，外觀雪白渾圓，再搭配黃豆粉食用，這是一般大眾熟知的黍糰子。不過北海道常見的黍糰子卻呈現褐色長條狀，是由北海道夕張郡的「谷田製菓株式會社」在大正**12**年（**1923**）開發出來的點心。當年發生了關東大地震，該公司希望大家能夠「準備奮起，像開拓北海道時一樣團結，齊心協力努力復興」，因此取「起備團合」這**4**個漢字※，推出「日本第一的黍糰子」，其原料有糯米、麥芽糖、砂糖、豆沙，打從一開始就沒有使用黍米。

※ 求肥：和菓子的材料之一，由糯米粉加上砂糖或麥芽糖揉製而成。
※ 在日文中讀起來與「黍糰子」同音。

製作「黍糰子」的「廣榮堂」與「谷田製菓株式會社」

協助我們拍攝「岡山縣的黍糰子」的是總公司位於岡山縣岡山市的「廣榮堂」，該店是製造、販賣岡山名產「黍糰子」的老店，自安政3年（1856）創業至今已經擁有160年以上的歷史。這次拍攝的是該店產品中的珍品「傳統吉備糰子」，這款糰子使用岡山市農家生產的珍稀糯米製作，蓬鬆柔軟的口感別具一格。至於協助拍攝「北海道的黍糰子」的則是北海道夕張郡的「谷田製菓株式會社」，這種黍糰子不僅保存時間長，攜帶也很方便，似乎不少北海道人會帶去露營或登山。

濱松市
靜岡縣

餃子（ぎょうざ）
宇都宮市
栃木縣

蔬菜較多的是「宇都宮市的餃子」

靜岡縣的濱松市與栃木縣的宇都宮市，這兩個地方都以餃子的消費量高而聞名。如果比較兩地的餃子，就會發現擺在濱松市餃子上的豆芽菜非常顯眼。濱松餃子的內餡肉含量較高，因此這些豆芽菜是防止膩口所誕生的巧思。相較之下，宇都宮的餃子中蔬菜的含量較高。濱松餃子的菜肉比例大約是「**6：4**」到「**7：3**」，至於宇都宮餃子則大約是「**7：3**」到「**8：2**」。此外，兩者使用的蔬菜種類也不同，濱松以高麗菜為主，宇都宮則以白菜為主。

肉較多的是「濱松市的餃子」

如果想吃知名的餃子 就到「石松餃子」與「來來軒」

協助我們拍攝濱松餃子的是創業於昭和28年（1953）的「石松餃子」。豆芽菜可說是濱松餃子的象徵，而這家老店就以最早附上豆芽菜而聞名，在餡料方面則使用大量的高麗菜以及當地遠洲產的豬肉。至於協助拍攝宇都宮餃子的則是由宇都宮餃子合作社經營的「來來軒」（来らっせ），店裡除了有「宇都宮珉珉」（宇都宮みんみん）、「餃子龍門」等5間加盟該合作社的常設店鋪外，還有每天輪換的店鋪，來到這裡就能品嘗各種不同口味的宇都宮餃子。

大佛（だいぶつ）

牛久市

茨城縣

仙台市

宮城縣

牛久大佛是「牛久市的大佛」

仙台大觀音是「仙台市的大佛」

日本各地有好幾座能從遠處膜拜其身影的「大佛」，其中高度位居第一與第二的是牛久大佛與仙台觀音。牛久大佛位於茨城縣牛久市，高 **100** 公尺，是全世界最高的青銅製立像，甚至登錄於金氏世界紀錄當中。至於高度僅次於牛久大佛的則是宮城縣仙台市的仙台大觀音，高 **92** 公尺，其內部是挑高 **60** 公尺的中空結構，可以搭乘電梯到高 **68** 公尺處。

大佛最重要的是第一眼的感動

仙台大觀音座落於海拔約 180 公尺處，因此可以從比想像中更遠的地方看到，實際給人的感覺比聳立於平原的牛久大佛還要高大。此外，周遭的風景也會大幅改變大佛給人的視覺印象。宮田珠己先生在他的大佛巡禮實錄《晴天就去看大佛》（幻冬社文庫）中寫道「在朝聖大佛的旅行中，襯托大佛四周的風景比大佛本體更重要」、「第一眼看見大佛的瞬間勝於一切」，他寫得完全沒錯。第一眼的瞬間感動，正是大佛給人的最大魅力。

茨城縣也有「萬博記念公園站」

～其實很多東西都有 2 個以上～

當我規畫前往茨城縣牛久市拍攝「牛久大佛」時，發現附近的筑波市有「萬博記念公園站」。或許是因為我出身於京都市，所以說到「萬博記念公園站」，只會想到位於大阪吹田市的大阪單軌電車站。而大阪的「萬博記念公園」，就是岡本太郎設計的太陽之塔的所在地。

調查之後發現，茨城縣的「萬博記念公園站」屬於 **2005** 年開通的筑波快線。筑波市在 **1985** 年舉辦「科學萬博」（國際科學技術博覽會），其舊址後成為「科學萬博記念公園」，本站位於公園附近，因此取名為「萬博記念公園站」。我順路過去看看，覺得這座公園就像常見的市民休閒場所。不過車站本身卻值得一看，因為車站前方裝飾著岡本太郎為科學萬博設計的紀念碑「看向未來」，因此雖然身在茨城縣，卻讓人產生「這裡難不成是大阪？」的錯覺。

此外，我在採訪其他主題時，來到東京都北區的王子站附近，走著走著發現了一座眼熟的銅像。「這是長崎的和平祈禱像吧？」我和同行的山出攝影師靠近一看，原來是因為設計長崎「平和祈念像」的雕刻家北村西望是東京都北區的榮譽區民，所以也在這裡建造了這座銅像。

像這種原本總覺得「只有一個」的東西，

筑波快線的「科學萬博記念公園站」豎立著岡本太郎設計的紀念碑「看向未來」。對關西人來說，這裡是個不可思議的地方，因為明明置身於茨城縣，卻有身在大阪的錯覺。

其實有兩個的狀況不在少數。

譬如大家都以為忠犬八公像只有澀谷車站的那一座，但其實東京大學裡面也有。因為八公的主人上野英三郎博士曾在東京大學任教，於是東京大學也在 **2015** 年打造了一座八公與上野博士嬉戲的可愛銅像。此外八公的故鄉——秋田縣大館市的大館站前，也有一座八公像。

又譬如，大家常用「日本的肚臍」來形容日本的中心地，但其實日本的肚臍也存在很多個。之所以會有這樣的情況，原因在於這個「中心」並非由國家決定，而是由各個地方政府自行宣告的。譬如兵庫縣西脇市就因為位於東經 **135** 度，北緯 **35** 度的交差點，而主張自己是「日本的肚臍」（這個想法來自日本最東的根室半島近海位在東經 **147** 度，最西的與那國島位在東經 **123** 度；最北的宗谷海峽位在北緯 **46** 度，而南端的波照間島位在北緯 **24** 度）。許多的地方政府都像這樣，因為位在地理的中心點，而主張自己是「日本的肚臍」。在這之中，岐阜縣關市卻根據「人口重心」提出這樣的主張。假設全國人口體重相同，那麼支撐日本列島不至於失衡的點，就是「人口重心」。根據總務省統計局發表的國勢普查，這個點就位在關市。

下飯小菜
ご飯のお供
大阪府

東京都

錦松梅是「東京都的下飯小菜」

神宗的鹽昆布是「大阪府的下飯小菜」

香鬆、醃物、梅干等這些「下飯小菜」，不少源自於日本各地的名產，**47** 都道府縣都有各種不同的產品。其中，東京都的「錦松梅」香鬆與大阪府的「神宗」鹽昆布，就被愛好者評為「下飯小菜的東西橫綱」。「錦松梅」這家店成立於昭和 **7** 年（**1932**），而錦松梅就是其創辦人開發出來的佃煮香鬆，使用的食材包括白芝麻、香菇、松子等山海物產。至於「錦松梅」的名稱，則來自創辦人栽培「錦松」與「梅」等盆栽的嗜好。而「神宗」則創立於天明元年（**1781**），該公司製作的昆布佃煮，只使用北海道道南產的野生真昆布最厚、最鮮的部分，以山椒等調味料煮成。活用天然鮮甜的滋味，傳達了該公司「質樸而高雅」的哲學。

「神宗」與「錦松梅」兩者都是絕品滋味

協助我們拍攝「大阪府的下飯小菜」的是「神宗」，總店位於大阪市中央區。鹽昆布不只可拿來下飯，也能用來製作點心與三明治。至於協助我們拍攝「東京都的下飯小菜」的則是東京都新宿區的「錦松梅」。錦松梅也一樣，不只可以配飯，也很適合當成玉子燒或炒飯的配料，拌入美乃滋也非常美味。只要有「東西橫綱」，真的不管幾碗飯都吃得下。多謝款待！

蒟蒻

こんにゃく

近江八幡市

滋賀縣

山形市

紅色的赤蒟蒻是「近江八幡市的蒟蒻」

圓形的玉蒟蒻是「山形市的蒟蒻」

「赤蒟蒻」與「玉蒟蒻」因為顏色與形狀而受到全國歡迎。赤蒟蒻是滋賀縣近江八幡市的名產，而把蒟蒻做成紅色的理由眾說紛紜，有一說是源自於織田信長，因為他在當地舉辦的祭典中穿著紅色的長襦袢 ※ 跳舞。至於蒟蒻的紅來自氧化鐵，是一種無害的食品添加物，也使其比一般蒟蒻含有更豐富的鐵質。雖然紅色的外觀往往給人很辣的印象，但其實味道就和普通的蒟蒻一樣。另一方面，玉蒟蒻這種圓形蒟蒻則是以山形市為中心的山形縣名產，廣受在地人的喜愛，不只經常出現在餐桌上，土產店也買得到。蒟蒻也是山形的鄉土料理「芋煮」不可缺少的材料，該縣的蒟蒻消費量位居日本全國第一（**2016** 年調查）。

※ 長襦袢：穿在和服裡的長版貼身內衣。

當地的蒟蒻名店「乃利松食品 吉井商店」與「千歲山蒟蒻店」

協助我們拍攝「近江八幡市的蒟蒻」的是位於滋賀縣近江八幡市的「乃利松食品 吉井商店」，該店創業於明治 24 年（1981），除了代代相傳的赤蒟蒻外，還有許多獨特商品，譬如以魚漿包裹赤蒟蒻油炸而成的「蒟蒻躲貓貓棒」（こんにゃくかくれん棒）。至於協助我們拍攝「山形市的蒟蒻」的則是位於山形縣山形市的「千歲山蒟蒻店」，該店的玉蒟蒻使用 40 年以上不斷添加的老滷汁滷製而成，是我至今吃過最美味的玉蒟蒻。

群馬縣人不太買蒟蒻

～產地與消費地的二三事～

「蘋果產量第一的都道府縣是青森縣」我想這是眾所皆知的。同樣的，應該也有不少人知道「番薯產量第一的是鹿兒島縣」、「葡萄產量第一的是山梨縣」、「花生產量第一的是千葉縣」吧？產量第一名的「產地」雖然像這樣為人所知，但消費量第一名的「消費地」，我想就不太有人知曉了吧。

《**47** 都道府縣大調查！從生產與消費來看日本》（兒童俱樂部編，同友館）這本書裡介紹了許多消費數據，因為實在太有趣了，在此就挑一些來介紹給大家（數據為 **2014** 年到 **2016** 年間的平均值）。

「番薯消費量第一名：德島縣」、「馬鈴薯消費量第一名：新潟縣」、「白蘿蔔消費量第一名:岩手縣」、「紅蘿蔔消費量第一名:沖繩縣」、「里芋消費量第一名：新潟縣」、「白菜消費量第一名：大阪府」、「高麗菜消費量第一名：長野縣」、「菠菜消費量第一名：岩手縣」、「蔥消費量第一名：秋田縣」、「萵苣消費量第一名:神奈川縣」、「番茄消費量第一名：新潟縣」、「蓮藕消費量第一名：佐賀縣」。

總之挑了這些蔬菜出來，但各縣成為消費量第一名的理由，一時之間還真想不出來。以紅蘿蔔為例，如果知道沖繩有「炒紅蘿蔔絲」（にんじんしりしり）這道鄉土料理，

我想不到群馬縣有什麼像「山形的玉蒟蒻」或「滋賀縣近江八幡的赤蒟蒻」之類的知名蒟蒻。不過我調查之後發現，株式會社丸平的「手工蒟蒻」是大家都稱讚的一款蒟蒻產品。這款蒟蒻使用高級原料製作，像生魚片一樣切成薄片品嘗，絕妙的口感令人相當感動。去到群馬縣時，不妨前往一嘗※。

就會恍然大悟，但如果不曉得這些文化背景，我想就無法解讀「消費地」的數據吧。

此外，看了這些數據也讓我再次體會到「主要產地＝主要消費地」的這個定律不一定成立。

譬如前文介紹的「蒟蒻」（P70）就是一個最好的例子。蒟蒻的原料「蒟蒻芋」超過九成都在群馬生產，因此群馬可說是日本第一的蒟蒻縣。但消費量就是另外一回事了，蒟蒻的消費金額最高的是山形市，第 **2** 名是青森市，接著第 **3** 名是福島市，群馬縣的前橋市排到第 **38** 名，從後面數過來還比較快（根據總務省統計局發表的家計調查。數據是 **2015** 年到 **2017** 年間的平均值）。

我前往群馬縣蒟蒻製作工廠「株式會社丸平」（株式会社まるへい）採訪時，那裡的女店員笑著告訴我：「因為大家都在蒟蒻田或蒟蒻工廠工作啊，不會特別去買啦。」

「九州大分縣的白蘭地消費量名列日本第一。」

雖然我知道這樣的數據，卻搞不清楚原因。不過這種讓人一頭霧水的感覺，似乎就是消費地數據的魅力。

※ 株式會社丸平已於 **2019** 年 **5** 月底歇業。

日本大不同
縱橫日本篇

Part. 2

さ行　た行

城
しろ
西日本

東日本

西日本多「石垣城」

東日本多「土壘城」

說到日本各地的城，地域差異相對較小。這是因為戰國時代以前，國內交流相對頻繁，就連刀與槍砲也很少出現地域差異。儘管如此，近世之後的城依然有東西之別，西日本的城多為石垣建造，而東日本的城則多由土壘打造。之所以會產生這樣的差異，其中一項關鍵在於擁有建造石垣技術的團體「穴太眾」，他們隸屬於與豐臣秀吉關係親近的武將。關原之戰後，豐臣派系的武將在西日本各地築城，因此這裡就比較多石垣城。反之，關原之戰後，布署於東日本的多半是與德川家關係親近的大名，也逐漸沒有必要建造防禦力高的石垣，推測這就是簡樸的土壘城逐漸增加的原因。

石垣的「丸龜城」與土壘的「逆井城」

本書作為西日本的城介紹的是香川縣丸龜市的「丸龜城」，這座城以石垣聞名，木造天守閣更是「現存 12 天守」之一，石垣、天守都十分出色，從遠處遙望的石垣非常美麗。至於東日本的城則是茨城縣坂東市的「逆井城」，戰國大名北条氏在 1557 年進軍北關東，並建造這座城當作據點，但後來北条氏被豐臣秀吉殲滅，這座城也因而荒廢。其外堀與土壘從當時保存至今，櫓則經過重建，是一座能讓人遙想戰國時代的珍貴城跡。

鏟子
スコップ
關西

關東

大的是「關東的鏟子」

小的是「關西的鏟子」

本書介紹的「毬果饅頭」（P16），雖然名稱相同，但在各地指的卻是不同的事物。這樣的例子雖然很多，但像「鏟子與圓鍬」※這種，在關東與關西所指稱對象完全相反的例子卻很少見。「鏟子」在關西指的是小朋友玩沙時使用的那種小鏟子，但在關東指的卻是大圓鍬。反之，關西說到「圓鍬」指的就是大圓鍬，但關東卻有很多人用「圓鍬」來稱呼小鏟子。根據工業規格或廠商的定義「能夠用腳踩的是『圓鍬』，無法用腳踩的是『鏟子』」，因此我想關西的用法才是正確的。那麼為什麼關東的用法會變成反過來呢？我也還搞不清楚原因。

※本文中的鏟子，在日文中是「スコップ」（**schop**）來自荷蘭文，圓鍬在日文中是「シャベル」（**shovel**）來自英文，但在中文或外文中是沒有差別的。

高知縣把「蝌蚪」稱為「青蛙」？

我試著搜尋其他像「鏟子與圓鍬」這種指稱對象完全相反的事例，結果發現「高知縣把蝌蚪稱為青蛙」。根據文獻※記載，高知縣把「青蛙」（カエル）稱為「蟾」（ヒキ），把蝌蚪（オタマジャクシ）稱為「青蛙」，所以從高知縣搬到其他地方的孩子會感到困惑。我向高知縣的人求證了這件事，結果對方說「現在高知的都市地區已經沒有這種說法了，但既然記載在高知的方言辭典中，應該就代表以前的人會這樣稱呼吧」。不過，青蛙在各地都有各種不同的稱呼，作為暑假作業調查看看的話應該會很有趣。

※《方言繪辭典》（真田信治監修，**PHP** 研究所）

「能去就會去」到底有多少機率會去呢？

～東西兩邊讓人一頭霧水的差異～

受到邀約時，回答「能去就會去」的人，赴約的機率到底有多少呢？據說在關東與關西會得出不一樣的答案。

京都出身的我，回答「能去就會去」的話，嗯，去的機率大概只有 **5**%吧。因為很難明確地拒絕對方，所以才用「能去就會去」來迴避。我原本以為大家都是如此，後來才發現關東的人不太一樣。

「大約 **8** 成的機率會去吧」、「如果不打算去的話，就不會說『能去就會去』了啊，所以大概 **7** 成左右吧」。

我問了在東京土生土長的人，得到的都是類似這樣的回答。似乎可以下結論說，關西整體而言實際赴約的機率很低，但關東的人卻有很高的機率會出席。不過，真的是如此嗎？

「我是東京人，去的機率大約 **5**%吧」、「我是東京人，這麼說就代表不會去。與其說是東西差異，不如說是個人差異吧？」

再繼續調查下去，也逐漸出現了這樣的答案。要說是個人差異，確實也是。但也有人指出「我覺得關西的人說話常常語帶保留，譬如他們習慣在語尾加上『雖然我不太清楚啦』。所以用『能去就會去』來拒絕，確實

左邊的照片攝於關西文化圈內的石川縣金澤市近江町市場，右邊則攝於東京上野阿美橫町的魚店。如大家所見，雖然可以看到「關西＝直著擺」、「關東＝橫著擺」的構圖，但總是會發現一些例外，無法斷然做出結論，要是能找到明確的文獻就好了。

很符合關西人的作風」，聽起來蠻有說服力的。雖然沒有確切的結論，但我想大家最好有個認知，自己的「能去就會去」和旁人有著不同的價值觀。

像這種沒有得到證實的東西差異，還有「魚的排列方式」。據說關西的魚販會把魚直著擺，關東則會把魚橫著擺，因為關西的房子多半出入口窄小、內部空間縱長，而關東則較多出入口寬敞、內部空間較淺的房子。由於這個說法聽起來很有趣，所以我到各地採訪時，都會特別逛逛賣魚的店家，結果發現，關西確實比較多直著擺放的店家。

另一方面，關東橫著擺放的店家雖然很多，但在築地市場之類的地方，也有不少直橫混放的店家。東京都上野的「阿美橫町」雖然以橫著擺放為主，但我問了店裡的人之後，他們卻回答「魚的擺放方向？我沒什麼在注意耶。像白帶魚這種長條形的魚，就會直著擺啊」。看來「關西橫著擺，關東直著擺」的定律，在過去或許曾有明確的區分，但就現狀而言，還是以便利性為主要考量吧。此外，山出攝影師前往青森縣的八戶採訪時，發現那裡的魚像關西一樣直著擺。看來這不是個可以輕易解釋的課題。

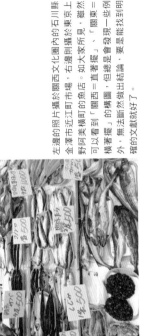

福井市
福井縣
ソースカツ丼
醬汁炸豬排丼

會津若松市

福島縣

鋪著高麗菜絲的是「會津若松市的醬汁炸豬排丼」

沒鋪高麗菜絲的是「福井市的醬汁炸豬排丼」

醬汁炸豬排丼主要在福井縣福井市、長野縣駒根市、群馬縣前橋市、福井縣會津若松市這四個市廣受喜愛，近年來也成為日本全國知名的食物。這四個市的醬汁炸豬排丼之間有個明顯的區別，那就是高麗菜絲的有無。福井市與前橋市會直接把肉擺在白飯上，而駒根市與會津若松市則會在飯與肉之間鋪上高麗菜絲。此外，福井市的炸豬排比較特殊，用的是裹上細麵包粉的薄切豬排，而且碗公一定會附上蓋子，因為當地人習慣把還沒要吃的其他塊豬排移到碗蓋上。而標準的會津若松市醬汁炸豬排丼，則會把沾附西式醬汁的炸豬排，擺在白飯與高麗菜絲上。至於醬汁的配方依店家而異，但共同的特徵是大分量。

東京也能品嘗到醬汁炸豬排丼「福井軒」與「平底鍋廚房」

協助我們拍攝「福井市醬汁炸豬排丼」的是東京都中央區的福井料理專賣店「福井軒」（ふくい軒），午餐時間除了醬汁炸豬排丼之外，還能品嘗到福井名菜「越前蘿蔔泥蕎麥麵」。至於協助我們拍攝「會津若松市醬汁炸豬排丼」的則是東京都足立區的洋食居酒屋「平底鍋廚房」（キッチンフライパン），拍攝的對象是該店招牌菜「特大醬汁炸豬排丼」。不用說，兩家店的豬排都非常好吃，但「福井軒」的白飯、「平底鍋廚房」的高麗菜絲，更是美味到令人難忘。

宇和島市

愛媛縣

鯛魚飯

鯛めし

松山市

愛媛縣

鯛魚與白飯一起炊煮的是「松山市的鯛魚飯」

使用生鯛魚的是「宇和島市的鯛魚飯」

雖然都稱為「鯛魚飯」，但同樣位在愛媛縣內的宇和島市與松山市，提供的卻是不一樣的料理。宇和島市的「鯛魚飯」是將鯛魚生魚片裹上附生蛋與醬汁，擺在白飯上品嘗。據說這道料理源自於宇和島的漁夫，他們在無法用火的船上喝酒時，直接以喝酒的碗裝飯，再把鯛魚生魚片放在白飯上。至於松山市的「鯛魚飯」則是以陶鍋炊煮的料理。這樣的差異之所以出現在同一個縣內，是因為愛媛縣東側的「東予」、中央的「中予」與西側的「南予」分屬不同的文化圈。位處中予的松山市屬於瀨戶內海文化圈，而位處南予的宇和島市則受到隔海相鄰的九州文化影響。

並列於大街道上的「丸水 松山店」與「松山鯛魚飯 秋嘉」

協助我們拍攝「宇和島市鯛魚飯」的是「丸水 松山店」，至於協助拍攝「松山市鯛魚飯」的則是「松山鯛魚飯 秋嘉」。兩家店都面朝愛媛縣松山市最熱鬧的「大街道」，可以輕鬆品嘗比較。此外，秋嘉的松山鯛魚飯能夠以高湯茶泡飯收尾，其滋味更是美妙。

大阪府

狸貓麵（たぬき）

京都府

「京都府的狸貓麵」是加上豆皮的烏龍燴麵

「大阪府的狸貓麵」是加上豆皮的蕎麥麵

東京蕎麥麵店的「狸貓麵」，指的是撒上天婦羅碎的烏龍麵。其由來眾說紛紜，有一說認為狸貓（たぬき）來自「去掉配料」（たねぬき）的諧音。但關西的「狸貓麵」就完全不是這麼一回事了，大阪的狸貓麵指的是加上豆皮的蕎麥麵。據說是因為大阪屬於烏龍麵文化圈，加了豆皮的烏龍麵稱為「狐狸麵」，既然烏龍麵變成蕎麥麵，那麼狐狸也變身成了狸貓。至於京都的「狸貓麵」，指的則是加上勾芡的狐狸麵。據說這是因為勾芡口感濃稠（ドロっとした）讓人聯想到瞬間變身（ドロンと化ける）的狐狸。其實京都的狸貓麵源自於讓客人即使在冬天叫外賣也能吃到熱食的智慧，裡面加入了大量的生薑，是京都人喜愛的暖胃食物。

提供4種「狸貓麵」的大阪屋

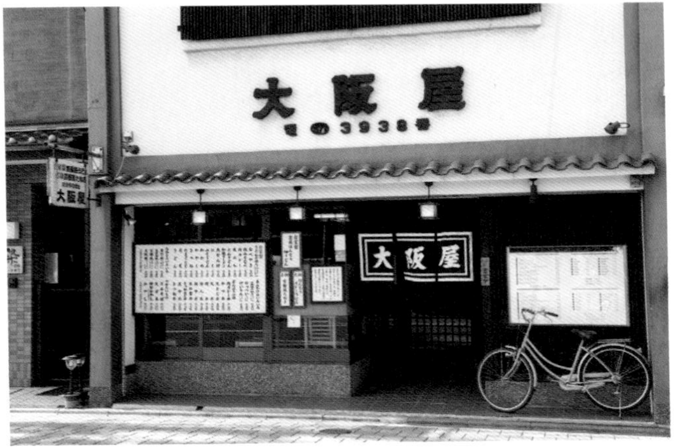

協助我們拍攝的是位於京都市下京區的「大阪屋」。這裡提供 4 種狸貓麵，除了「大阪風」與「京都風」之外，還有擺上該店特製豆皮與炸蝦的「東京風」、以炸雞為配料的「名古屋風」。京都的烏龍麵店有豐富的獨特菜單，譬如加入魚板的「木葉丼」、將豆皮與蔥淋上蛋汁製成的「衣笠丼」等等，來京都觀光時不妨多方嘗試看看。

水上町
群馬縣

水壩咖哩（ダムカレー）

奧多摩町

東京都

「水上町的水壩咖哩」有3種

「奧多摩町的水壩咖哩」重現了汽油桶浮橋

「水壩咖哩」指的是以水壩為主題的咖哩，其特色是模仿當地水壩製作出來的造型，而且可以就近在水壩周邊享用。日本全國的水壩咖哩從**2009**年左右開始增加，擁有許多死忠粉絲，特別是以走訪各地的水壩為樂的水壩迷。群馬縣利根郡水上町因為擁有**5**座水壩，因此被水壩迷稱為「水壩聖地」。這裡的**5**座水壩分別使用**3**種不同的方式建造，因此咖哩也設計了**3**種（照片前起為普通分量的拱壩、中等分量的重力壩，以及大分量的堆石壩）。另一方面，東京都西多摩郡奧多摩町的小河內水壩附近提供的水壩咖哩，則以義大利麵穿過玉米與紅蘿蔔，重現浮在水壩湖面上的汽油桶浮橋。而放在咖哩上的水煮蛋，則象徵管理用的船。

「谷川旅館」與「片栗之花」都吃得到水壩咖哩

協助我們拍攝「水上町的水壩咖哩」的是當地的「谷川旅館」，這裡的咖哩口味雖然依旅館或設施而異，但飯的造形與盤子卻力求一致。至於協助我們拍攝「奧多摩町水壩咖哩」的則是能將小河內水壩盡收眼底的景觀餐廳「片栗之花」，這間餐廳位在可以認識小河內水壩歷史的「奧多摩水與綠交流館」二樓，一邊欣賞壯觀的水壩一邊品嘗咖哩，別有一番滋味。

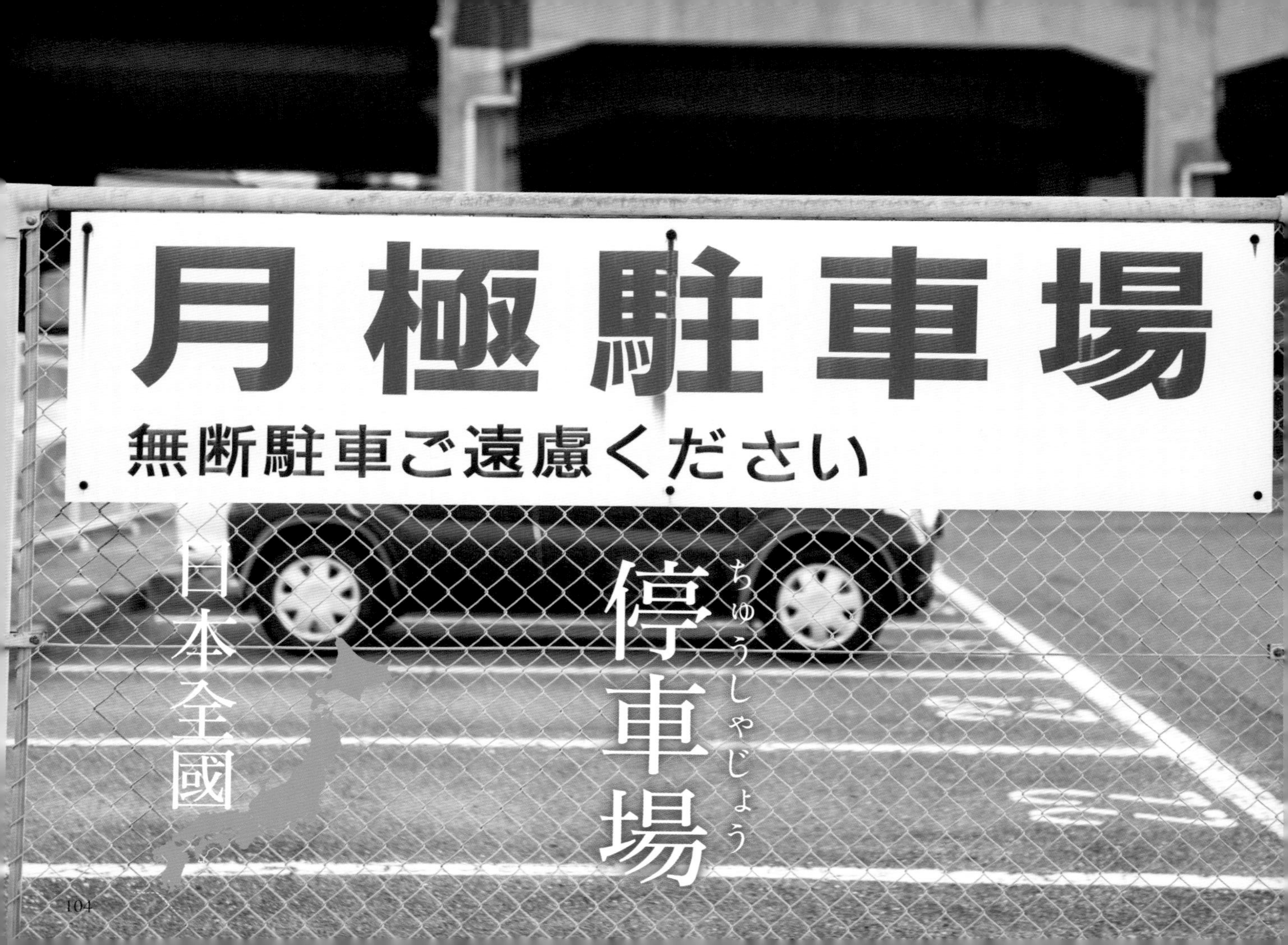

日本全國停車場（ちゅうしゃじょう）

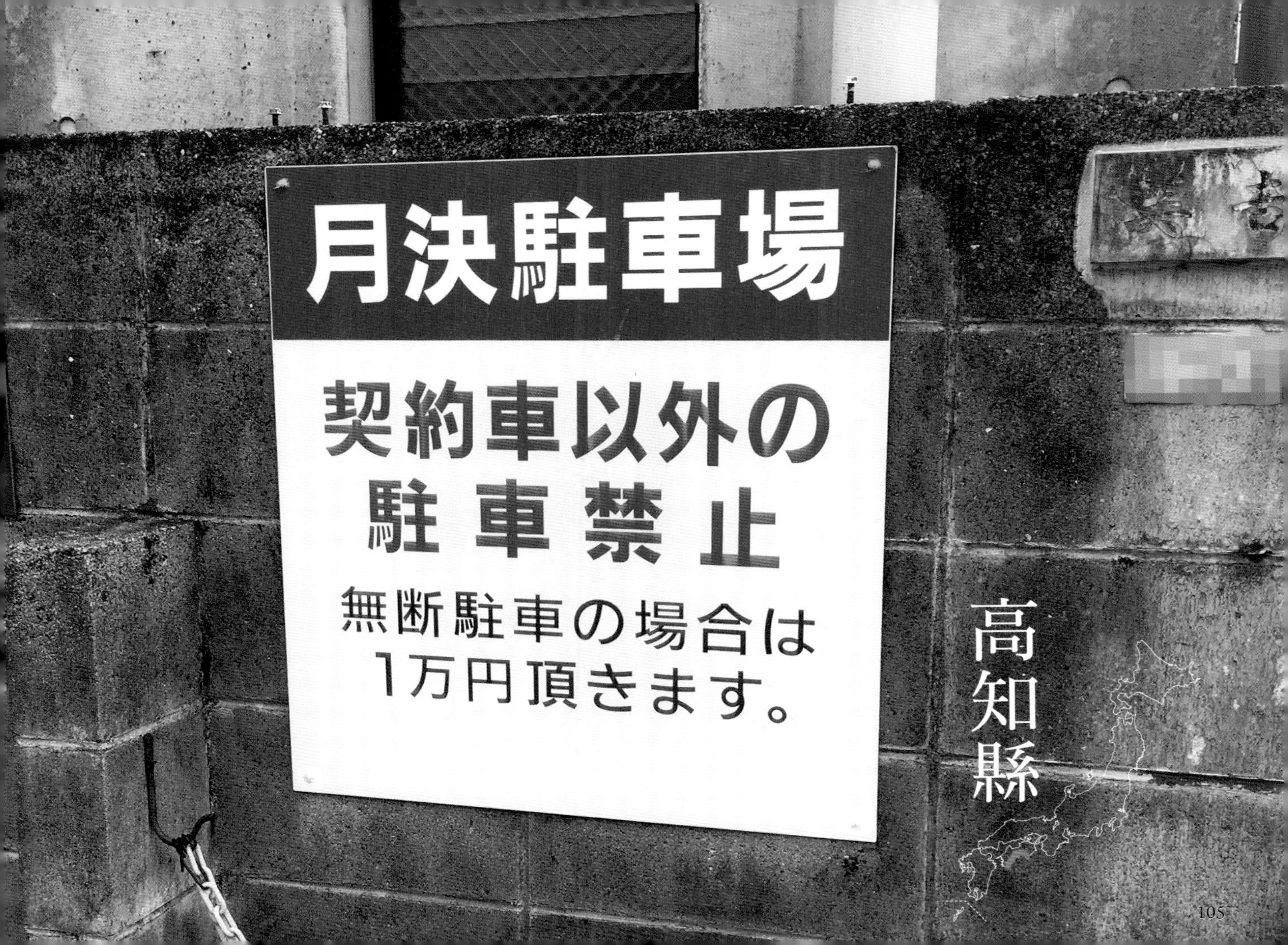
月決駐車場
契約車以外の
駐車禁止
無断駐車の場合は
1万円頂きます。

高知縣

「日本全國的停車場」通常寫月極

「高知縣的停車場」通常寫月決

月極駐車場
無断駐車ご遠慮ください

月決駐車場
契約車以外の
駐車禁止
無断駐車の場合は
1万円頂きます。

日本全國的月租停車場招牌通常以「月極駐車場」表示，因為「極」這個漢字從江戶時代開始就有「判斷結果」（きめる）的意思，因此直到戰前，「極」與「決」都當成判斷結果來使用。不過到了戰後，表達判斷結果之意時統一使用「決」，而「極」這個字僅限於「窮究結果」（きわめる）的語意。然而不知道為什麼，唯有停車場的招牌仍保留了「判斷結果」的用法，這就是「月極」招牌的誕生背景。雖然「月極」停車場這樣的寫法在全國占多數，但高知縣卻以「月決」的例子較多而為人所知，此外北海道也不遑多讓。除此之外，據說青森縣、岩手縣、秋田縣、長野縣也能看見「月決駐車場」的蹤跡。

造訪高知的時候就找找「月決駐車場」吧！

我為了調查「月決」停車場的實際情況而走訪高知市內，結果意外發現市中心似乎比較多寫著「月極」的案例。或許市中心的停車場是打算配合全國的用法吧，但「月決」不僅好懂，對其他縣市的人來說也很稀奇，真希望高知能夠保留這個具有地方特色的寫法。大家來到高知不妨也找找看「月決駐車場」的招牌吧。如果找到的話，應該會很開心吧。照片中是高知的「播磨屋橋」，雖然被選為「日本三大令人失望的名勝」，但依然頗有一番風情。

「多水酒啊，毋喝吶！」是什麼意思？

～方言廣告標語～

前往高知採訪時，我發現到麒麟啤酒的廣告標語寫著「多水酒啊，毋喝吶！」（たっすいがは、いかん！）。至今為止我也算看過不少廣告，但如此令人一頭霧水的宣傳標語還真是難得一見。我問當地人那是什麼意思，他們向我解釋「多水（たっすい）就是淡薄的意思，換言之就是淡的啤酒不行，要喝就喝濃厚的麒麟啤酒啊」。雖然外地的人會搞不清楚方言廣告標語的意義，但讓大家因為好奇而忍不住問人的想法實在很高招。現在大家都會透過社群網路傳播不可思議的事物，因此「方言廣告標語」或許很符合現在這個時代的趨勢吧。我覺得像「多水酒啊，毋喝吶！」這樣的方言廣告標語應該延續下去，因此試著想了幾個點子。

首先想到的是「真是俐落呢」（シュットしたはる）。大阪或京都的歐巴桑如果遇到帥氣或苗條的人，就會說他們「真是俐落呢」，我覺得這句話聽起來可愛又俏皮，所以很喜歡。如果試著把這句標語結合硬派的京都名產，想必會很有趣吧？譬如京都有一道名為「鯡魚蕎麥麵」（にしんそば）的料理，直接擺在麵上的「鯡魚片甘露煮」，就給人「俐落」的感覺。

如果從正上方為鯡魚蕎麥麵拍出一張帥照，再加上「真是俐落呢。」的標語，嗯嗯，感覺似乎不錯喔。

另外，聽說山形縣把①這個符號讀成「一丸」（イチマル）。但其實日本全國都讀作「丸一」（マルイチ），我向山形人確認「這是真的嗎？」結果他們回答，在某個電視節目把這件事情播出之前，多數的山形人都不知道「一丸」這個讀法很特別。結果在節目播出之後，似乎愈來愈多山形人改讀作「丸一」了。

我覺得這樣好像有點可惜。畢竟就算讀成「一丸」也沒有什麼不便之處，而且就像高知縣的「月決」停車場一樣，把這種特殊之處當成地方特色保留下來也不錯啊。因此，不如把這個「一丸」用在標語上吧！

「一丸，美食團。二丸，好好玩。山形，

「多水酒啊，毋喝呐！」讓外地人看到忍不住想問「這是什麼意思」。或許是這句標語的影響吧，麒麟啤酒在高知縣似乎賣得不錯。

按個讚。」像這樣如何呢？

重點就在於當地人都看得懂，但外地人看到會忍不住想問「那是什麼意思」。我呼籲日本全國各地的同胞，一起來創造方言廣告標語！

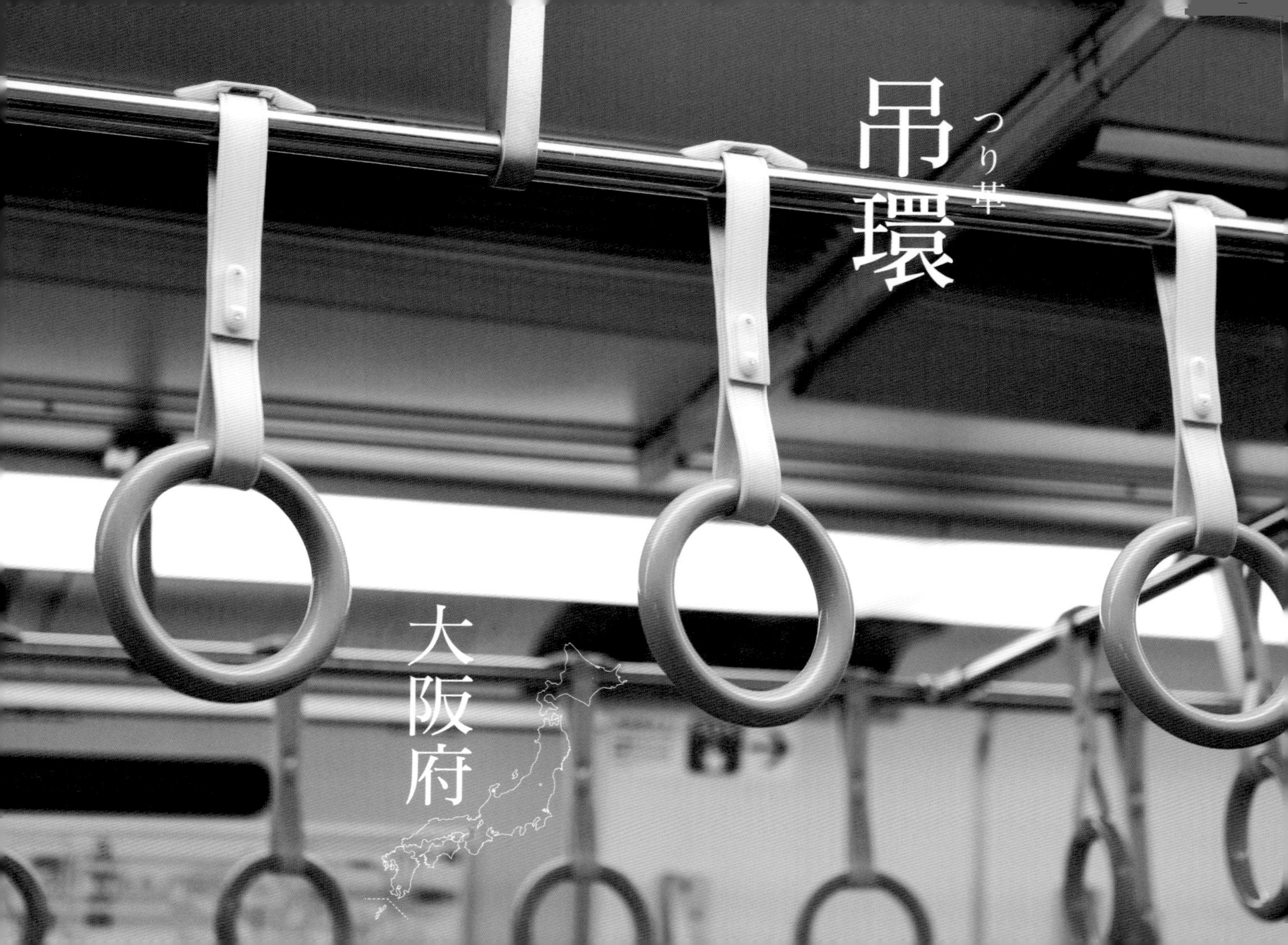

吊環（つり革）

大阪府

東京都

「東京都的吊環」三角形占多數

「大阪府的吊環」圓形占多數

電車吊環的形狀，有著關西以圓形為主流、關東以三角形為主流的傾向。各家鐵路公司雖然是各自選用適合的電車吊環，但只要分別觀察圓形吊環與三角形吊環的特徵，就能大致了解出現這種傾向的理由了。圓形吊環的安裝方向通常與行駛方向平行，因此緊急時容易抓握，此外還有撞到臉時衝擊較小的優點。另一方面，三角形吊環的安裝方向通常與行駛方向垂直，把手舉高時能自然地抓住吊環，握起來比較順手。此外還有密集安裝時，吊環之間比較不容易彼此碰撞的優點。或許是因為關東的電車比關西擁擠，可以一次安裝多個的三角形吊環較容易被採用。至於關西則較常選用安裝個數較少的圓形吊環，這樣不僅能夠降低成本，遇到緊急狀況時也比較容易抓握。

關東與關西的女性專用車廂位置也不同

關東與關西電車之間的差異，還有一項是女性專用車廂的位置。關東的女性專用車廂通常位在電車的車頭或車尾，但關西多半在電車的中段。依照關西鐵路公司的說明，由於驗票閘門多半位在列車的兩端，因此將女性專用車廂設在中央是為了避免人多擁擠。此外，關東的女性專用車廂通常只適用於平日或早晚的通勤時間，關西則通常全天適用。

定食
ていしょく
大阪府

東京都

東京都的味噌定食「白飯與味噌湯平行排列的是」

東京與大阪的定食，在白飯與味噌湯的排列方式上有些微的差異。日本自古以來就有「以左為上位」的觀念，因此根據常規，最重要的白飯應該擺在左邊，第二重要的味噌湯則擺在右邊，以東京為首的多數地區都採用這樣的形式。但是不少大阪店家會把味噌湯擺在白飯的上方（後排），這是因為如果把湯碗擺在右下角，伸手夾菜的時候就會受到阻礙。不過，東京的定食送上桌時，白飯與味噌湯雖然呈水平排列，卻也有不少人在開動後把味噌湯移到白飯的上方，而其他地區似乎也有一部分人同意大阪式擺法的優點。或許可以說是因為東京重規則、大阪重效率吧。那麼，你平常用的是哪種擺法呢？

大阪府的定食「白飯與味噌湯垂直排列的是」

定食的名店「ITETEYA」與「歌舞伎町 鶴龜食堂」

協助我們拍攝「大阪府的定食」的是位於大阪府高槻市的「定食專門店 ITETEYA」（いててや），這家店已經在當地經營了將近 40 年。照片中的是超人氣的鮪魚排定食，醬汁非常美味，讓人白飯一口接一口。至於協助我們拍攝「東京都的定食」的則是位於東京都新宿區的「歌舞伎町 鶴龜食堂」，這是一家創業 60 年以上的老食堂，親子兩代累積了許多常客。照片中的是每日定食，這天的菜色是炸墨魚、炸雞與荷包蛋。務必前來試試日本東西兩方的定食名店。

停止線

止まれ

大阪府

東京都

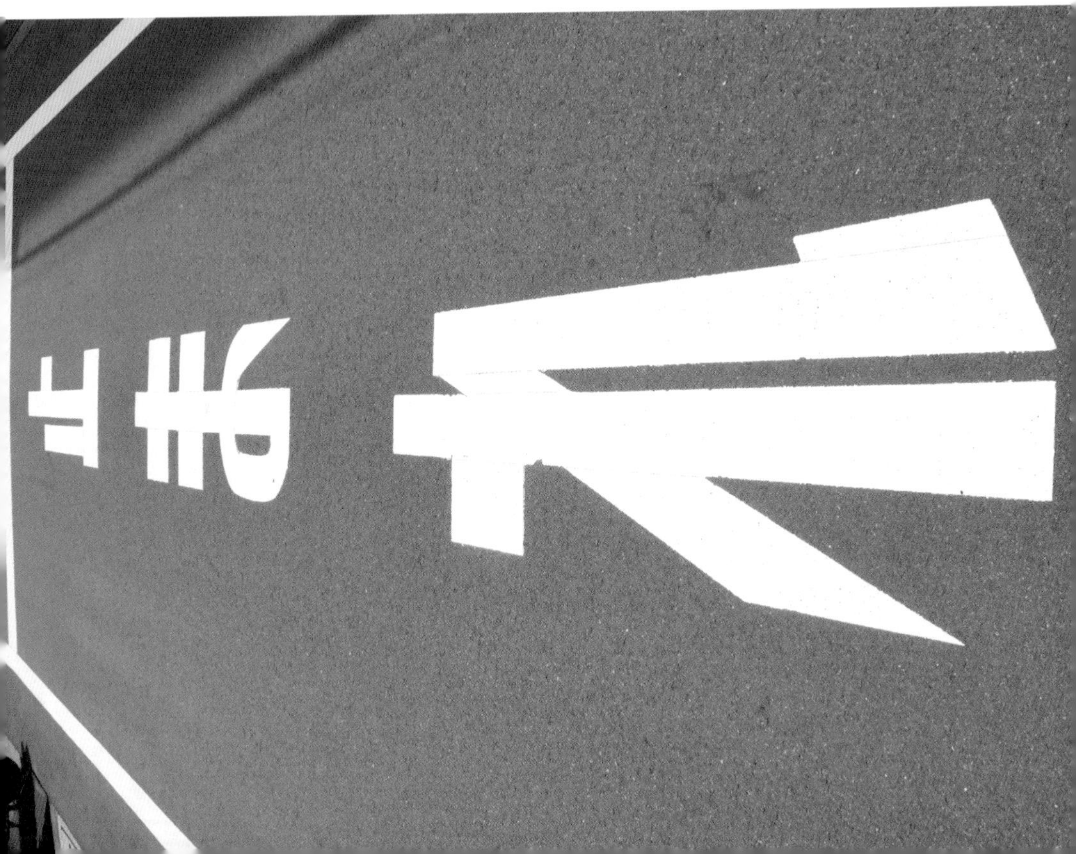

「東京都停止線」的「れ」第一筆的橫線與縱線結合

「大阪府停止線」的「れ」第一筆的橫線與縱線分離

日本寫在路面上的停止線文字「止まれ」，依地區而有微妙的差異。照片中分別是大阪府與東京都的停止線，觀察比較後就會發現「れ」的形狀明顯不同。大阪府的「れ」，第一筆的橫線與縱線分離，而東京都的「れ」，橫線則與縱線連接在一起。「停止線」的寫法分別由各行政區的公安委員會制定，因此出現了這樣的差異，就日本全國來看，東京都這種相連的寫法占多數。我不只在採訪時觀察日本各地停止線的寫法，也請各地居民提供資訊給我，結果發現，札幌市、山形市、福井市、富山市、京都市、愛媛縣松山市、香川縣丸龜市、福岡市等地的「れ」，都和東京都一樣；至於大阪府的「れ」則可以在大阪府、兵庫縣、滋賀縣等地看到。或許東京都的停止線寫法是全國型，大阪府的寫法則是關西主流型吧。

這是個「搞不懂才有趣」的時代

我在社群網站上號召「請傳停止線的照片給我」，結果收到了很多人傳來的訊息。其中有不少人是很開心地和我聯絡「我找到了！」身在這個只要上網搜尋就幾乎無所不知的現代，「搞不懂的事情」反而充滿了魅力。譬如照片中的「通風磚」是一種應用於磚牆上的通風設計孔，而孔洞的造形是否也有地域性呢？儘管我對此進行了調查，也還是搞不清楚。不過，「搞不懂的事情」就是讓人興奮呢。即使最後還是沒有答案，但我希望能珍惜著這份興奮感，製作這本書。

山出高士的日本全國醬油品評大會

我以前造訪山口縣萩市、愛媛縣宇和島市、佐賀縣伊萬里市這 3 座城市時，曾被他們甜甜的醬油嚇到。

雖然本來就知道九州的醬油偏甜，但真正使用甜味醬油的縣到底有多少呢？各個地域的醬油口味，又有多大的差異呢？

這樣的差異性讓我覺得有趣，於是我跑遍東京都內的各縣物產店，收集了各個地域的醬油，希望能從中獲得新發現。

在各縣的物產店裡，可以找到伴手禮取向的特殊醬油，也有當地特有的高湯醬油，但我這次盡可能地選購「日常使用」的醬油。不知道該買哪一瓶的時候，就選擇店員推薦的商品，最後買齊了來自日本各地的 8 種醬油。接下

由左到右分別是長崎、熊本、岡山、香川、和歌山、富山、岩手、北海道代表。

顏色最濃的是和歌山，最淡的是岩手。

來，就蘸著鮪魚生魚片與木棉豆腐，來一場品味全國醬油之旅吧！

首先是據說在岩手縣釜石市相當受歡迎的「富士」醬油。這款醬油雖然顏色較淡，但蘸著鮪魚吃卻很甜！我可以直接感受到砂糖的甜味，也很接近御手洗糰子的甜鹹醬汁。老實說，這次的醬油品評，我原本只打算重新確認「九州的醬油果然很甜」就結束，結果一開始就讓我嚇了一跳。那個甜，值得特別一提。

雖然很想比較看看這款醬油與九州醬油哪個甜，但是先不急，我想先試試和歌山縣湯淺町的「角長手工醬油」，因為這款醬油開封之後香氣特別明顯。倒入小碟子裡的醬油，質地有點黏稠，顏色也很深，但試吃之後鮮味強烈，帶有微微的甘甜。清爽而濃郁的香氣通過鼻腔，使鮮味更加顯著，整體來說很濃厚。事實上，和歌山縣據說是「醬油的發源地」。醬油的起源眾說紛紜，其中最有力的說法，是在製作從中國傳到和歌山縣湯淺町的金山寺味噌時，發現積在桶底的液體非常美味，而這些液體就成為「壺底油」（たまり醬油）的原型，最後發展成為醬油。必須說這款醬油的滋味，不負其「醬油發源地」之名。

接著渡海來到瀨戶內海上的小豆島。小豆島的氣候相對溫暖少雨，環境較為乾燥，因此很適合醬油的發酵與熟成。過去海運業發達，因此也容易取得大豆及小麥，島上製作醬油的歷史悠久。或許也因為如此，香川縣物產店的醬油種類最為豐富，讓人不知道該買哪一款才好。最後購買了店員強烈推薦的「鶴醬」，他說「買這瓶準沒錯！」。試了之後發現，在清爽的酸味之後，是鮮味與自然的甘甜，香氣也很濃郁，整體平衡非常好。但這款醬油使用「再釀造」的繁複工法製成，以這次「日常使用」的設定來看，或許有點太過特別了。

再來也試了北海道、富山縣、岡山縣的醬油。雖然這幾款醬油都沒有強烈的特色，但鮮度高、品質佳，美味毫不遜色。接著就在感恩與感動的心情中，終於登陸九州。

首先從長崎的「長工甘口醬油」開始。以前在佐賀縣的伊萬里市品嘗到甜味的醬油時，聽說「長崎的更甜」，所以我已經有會嘗到最甜醬油的心理準備。但試了之後發現「咦？不甜啊」，應該說雖然甜，但不到驚人的程度，剛好可以微微襯托出鮪魚的甜味。這款醬油也是店員強烈推薦的商品，告訴我「很多人一吃就愛上喔！」的確，這款醬油獨特的甜味與風味，不僅能夠蘸著吃，似乎也可以在燉煮東西時，當成調味料使用。

接著試的是熊本縣的「山內甘口醬油」，一

比較「長崎的甘口醬油」與「熊本的甘口醬油」，結果發現熊本的比較甜。

內文沒有提到的岡山縣「虎醬油」。因為包裝太過帥氣，忍不住就買了。

作為番外篇品嘗的「生魚片醬油」。鮮味與甜味都很濃郁，不習慣的話應該會評價兩極？

吃就覺得好甜！大概和蘸生馬肉的醬汁差不多甜。不知道的人吃了應該會忍不住懷疑「這真的是醬油嗎？」不過這款醬油不只甜得名符其實，鮮味也強烈濃厚。但與岩手縣的「富士」相比，我覺得「富士」還是比較甜。

這次「日本全國醬油品評大會」所品嘗的醬油，每款都很美味，令我相當滿足。我也再次體認到所謂的「個性」真的存在。而大家關注的「甜度」對決，最後就由擁有日本第一「富士」之名的岩手縣醬油壓制全場啦（笑）。

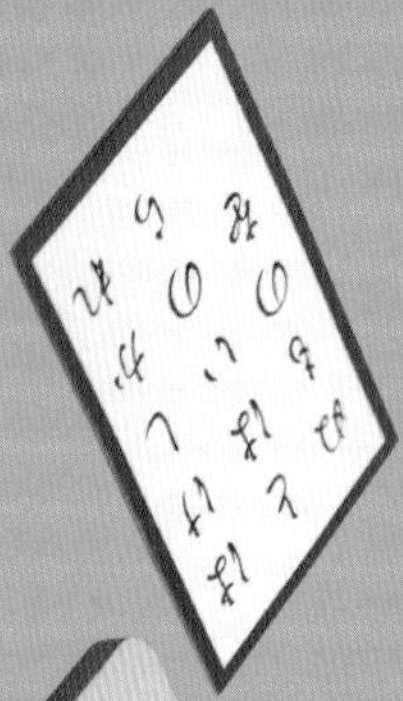

日本大不同
縱橫日本篇

Part. ③

な行　は行　ま行
や行　わ行

納豆（なっとう）

京都府

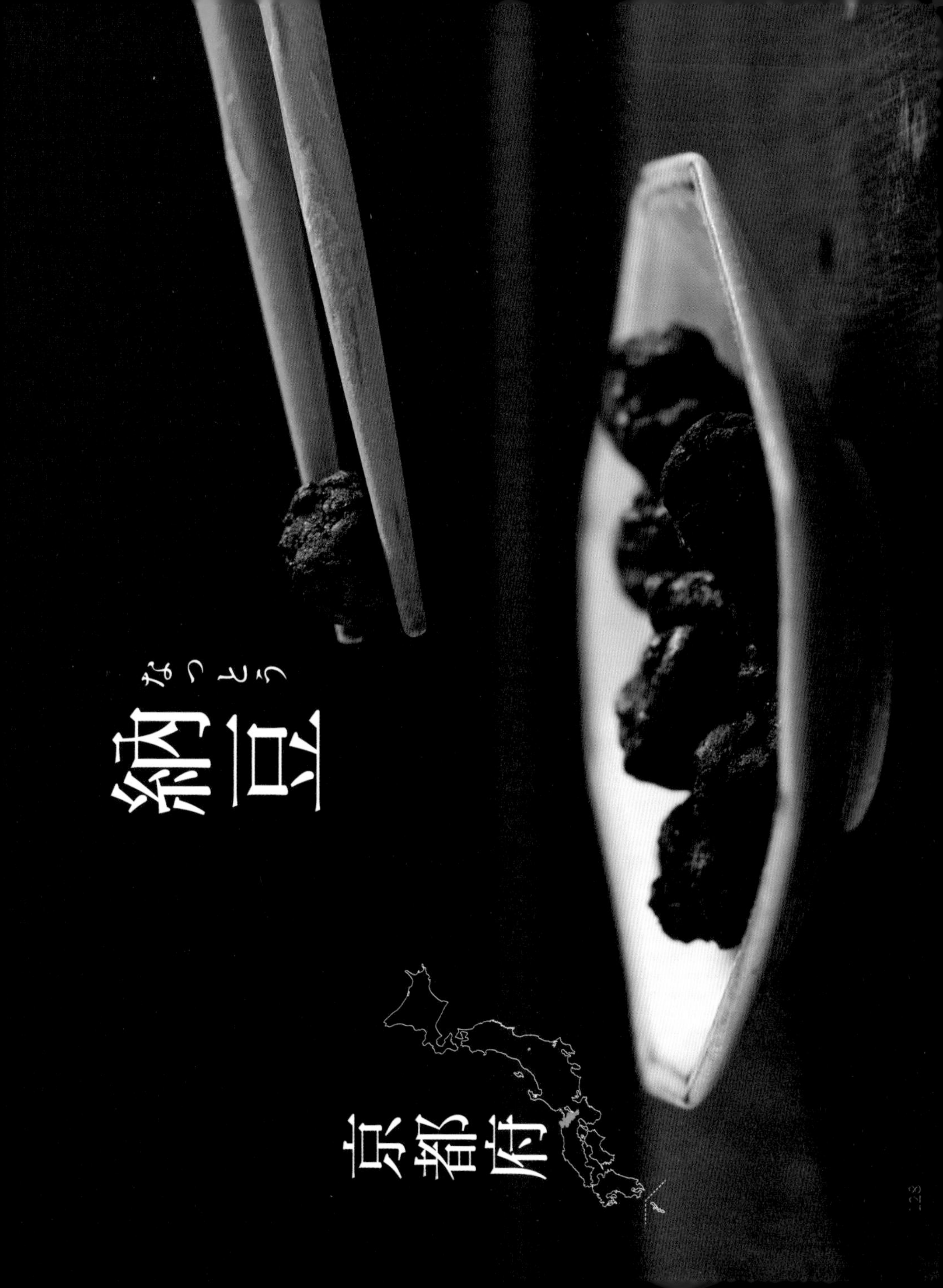

秋田縣

「秋田縣的納豆」是拉絲納豆

「京都府的納豆」是鹹納豆

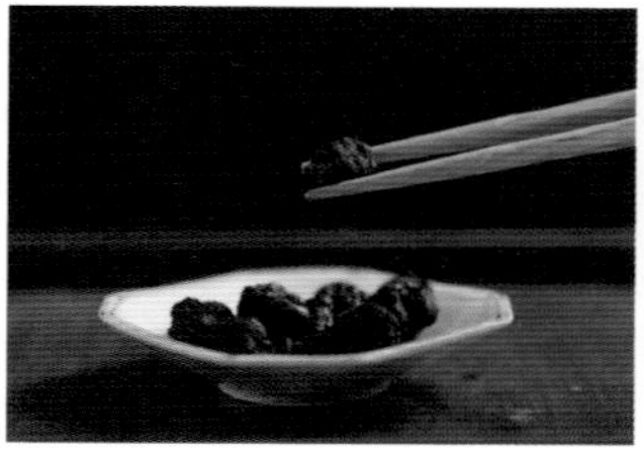

現在提到納豆，一般指的都是黏呼呼的「拉絲納豆」（糸引き納豆）。但從前在關西，所謂的「納豆」指的常常是沒有絲狀物的「鹹納豆」（塩辛納豆）。鹹納豆以蒸熟的黃豆與麥子繁殖麴菌製成，不使用拉絲納豆必備的納豆菌。據說這種納豆在奈良時代，由渡海訪唐的僧侶帶回日本，後來就以關西為中心在寺廟生產製作，因此也稱為「寺納豆」。其口味接近味噌，也可當成調味料使用。至於拉絲納豆的由來則眾說紛紜，秋田縣橫手市一帶被認為是發源地之一。據說平安時代後期，在「後三年之役」※ 時上戰場的源義家，因遭遇大雪而缺乏軍糧，於是要求農家進貢煮熟的豆子，並將這些豆子裝進稻草袋內放在馬背上運送，最後在運送途中變成了納豆。

※ 後三年之役：平安時代後期發生於日本東北的戰役。源義家趁著當地豪族清原氏內鬨將其消滅，源氏在這場戰役後確立其在東國的地位。

嚴謹製作納豆的「本家 磯田」與「二代目 福治郎」

協助我們拍攝「京都府的納豆」的是位於京都市北區的「本家 磯田」，這家店從江戶時代就開始製作京都大德寺代代相傳的鹹納豆「大德寺納豆」，將其滋味流傳至今。大德寺納豆的口味讓人聯想到非常豐潤的味噌，是最適合搭配日本酒的下酒菜。至於協助我們拍攝「秋田縣納豆」的則是位於秋田縣秋田市的「二代目 福治郎」，這家店的納豆使用最高級的國產黃豆，並遵循古法製成，以「日本最高級納豆」聞名，其明顯的豆味非常出色。

春捲

春巻き

京都府

東京都

「東京都的春捲」是用餅皮包餡料的油炸點心

日本人一般聽到春捲，想到的通常都是這裡介紹的東京都春捲，也就是「用餅皮包餡料油炸」的春捲。但在京都、大阪、神戶有不少店家提供的是「用蛋皮包餡料油炸」的春捲，這種春捲一般稱為「蛋皮春捲」（玉子春巻き），在中國通常是隸屬於北方菜系的山東料理或北京料理的餐廳會有這道菜。至於餅皮做的炸春捲，在中國則多半出現在隸屬於南方菜系的廣東料理或上海料理的餐廳。事實上，春捲原本是在立春時，捲著春天開始冒出新芽的蔬菜品嘗的點心，後來隨著地區不同，發展出不同的型態。

「京都府的春捲」是用蛋皮包餡料的油炸點心

請一定要吃吃看這兩家店的春捲「東華菜館」與「泰興樓八重洲本店」

協助我們拍攝「京都府的春捲」的是位於京都市下京區的「東華菜館」，其建築由威廉・沃里斯（William Merrell Vories）設計，店內有著日本國內最古老的電梯，而且至今仍正常運作。夏天來到這裡，可以在面對著鴨川的納涼床用餐，不只能夠品嘗料理，也能充分享受空間氛圍。至於協助我們拍攝「東京都的春捲」的則是位於東京都中央區的「泰興樓八重洲本店」，該店的春捲包著高麗菜、大蔥、筍子等餡料，加上炸得酥脆的外皮，口感絕妙。這兩家名店的春捲，堪稱「大不同」系列數一數二的美味大對決，千萬不能錯過。

北陸的計程車是白色的

～《日本大不同：決戰東西篇》之後的調查～

本書《日本大不同：縱橫日本篇》的前身，是 **2016** 年 **6** 月在日本出版的《日本大不同：決戰東西篇》。《日本大不同：決戰東西篇》的內容聚焦於關東與關西的比較，而本書則把目光轉向包含其他地區在內的日本文化差異。《日本大不同：決戰東西篇》出版後，得到許多迴響，並且釐清了幾項新的事實，在此想為大家介紹一下。

首先是某位 **NHK** 的導播在讀了《日本大不同：決戰東西篇》之後與我聯絡，表示「對於關東與關西之間的中部地方是什麼樣的情況非常感興趣」。於是我們也參與了節目外景，調查中部、北陸的情形，並且製作成電視節目《中部 分界線的奇境》，於 **2017** 年夏季播出。而計程車的顏色，就是節目中介紹的其中一項主題。

在《日本大不同：決戰東西篇》中曾介紹過，東京的計程車有綠色、黃色等繽紛的色彩，相較之下大阪的計程車以黑色占多數。那麼，關東與關西之間的計程車又是什麼顏色呢？我們前往北陸的福井市，發現那裡並排停在車站前的計程車，竟然是白色的。我到四國的松山採訪時，那裡的計程車也以白色為主，看來日本全國有好幾個地方的計程車都是白色的。這個發現讓我很驚訝。

此外，關於貓咪的尾巴，我也得到了新的

左邊的照片是跟著 NHK 的節目前往福井車站出外景時，在車站前看到的計程車。如同大家所見，計程車都是白色的，而鄰縣的石川縣金澤市也是白色的，看來北陸似乎屬於以白色為主流的區域。至於右邊的照片，則是前往愛媛縣松山市採訪時所攝。這裡也如照片所示，以白色居多。背後到底有什麼淵源呢？謎團更加難解了。

資訊。

我在《日本大不同：決戰東西篇》中提到，關東比較多尾巴前端彎曲的貓咪，關西則比較多尾巴筆直的貓咪。民間相傳尾巴長的貓咪如果活得夠久，就會變成「貓又」這種妖怪，因此深信這個傳說的江戶偏好飼養尾巴短或尾巴彎曲的貓咪。

電視節目《古館先生》（富士電視台，現已停播）的工作人員讀了那篇文章之後與我聯絡，表示他們想要實際調查這個主題。後來我在播出的節目中，看到工作人員在東京與大阪的公園分別觀察了 **50** 隻貓咪，得到了這樣的結果：「關東發現捲尾貓咪的機率：**50** 隻當中有 **26** 隻；關西發現捲尾貓咪的機率：**50** 隻當中有 **7** 隻」。接著也介紹了京都大學榮譽教授野澤謙老師的統計數據，根據他調查了全日本 **6** 萬 **7** 千隻野貓後的結果，關東各地捲尾貓咪的比例分別是「東京（**23** 區）：**40**％；埼玉：**51**％；神奈川：**45**％」；關西各地則是「大阪：**27**％；京都：**18**％；奈良：**18**％」。由此可知，經過實際統計，關於東西貓咪的尾巴觀察也是正確的。

書出版之後的這些迴響對我來說都是鼓勵，也讓我很開心。如果對於本書介紹的資訊感興趣，或是有想要報導的話題，歡迎與我聯絡。

百人一首

ひゃくにんいっしゅ

全國

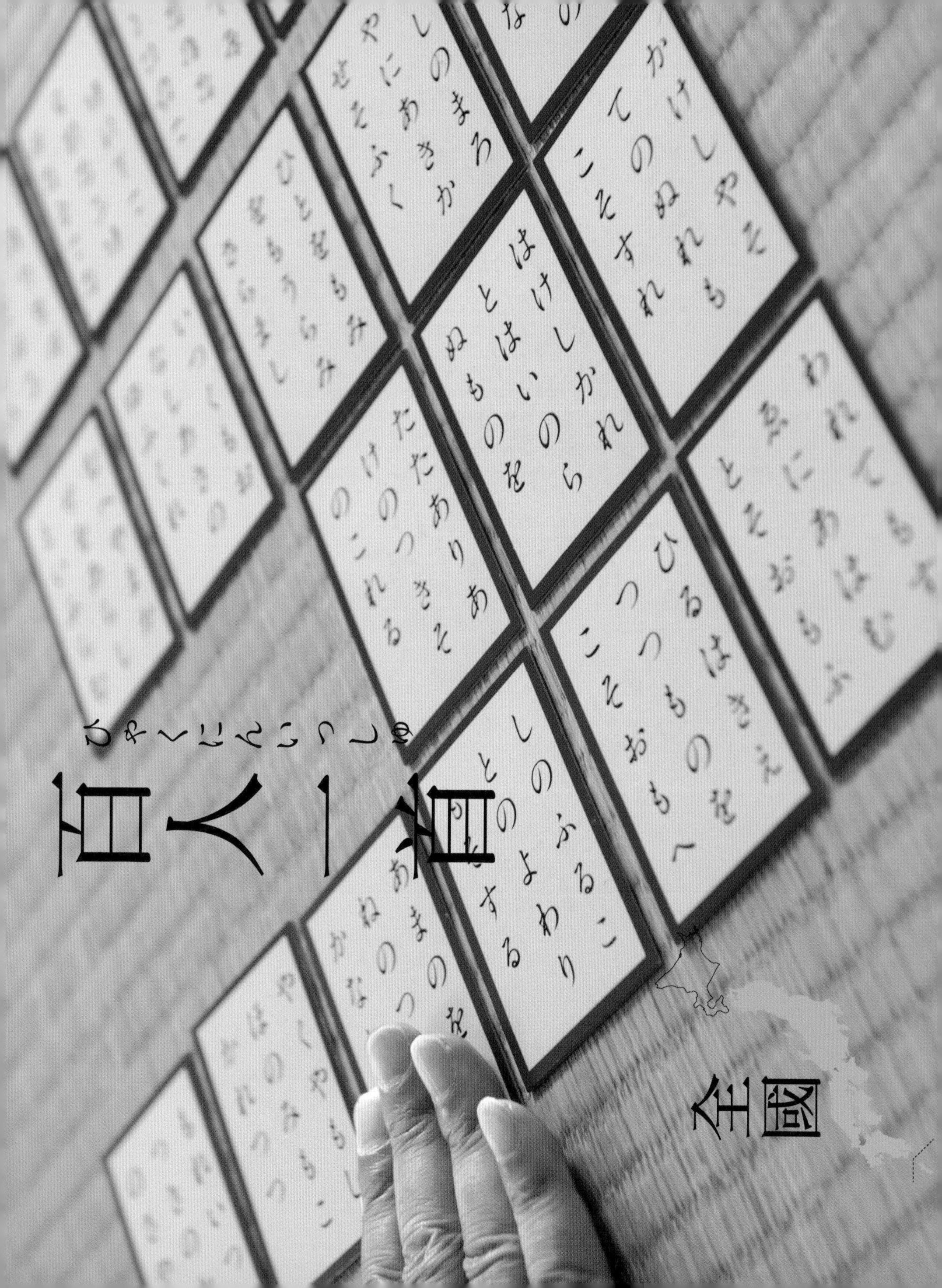

北海道

從上句開始朗誦，搶紙牌的是「全國的百人一首」

只朗誦下句，搶木牌的是「北海道的百人一首」

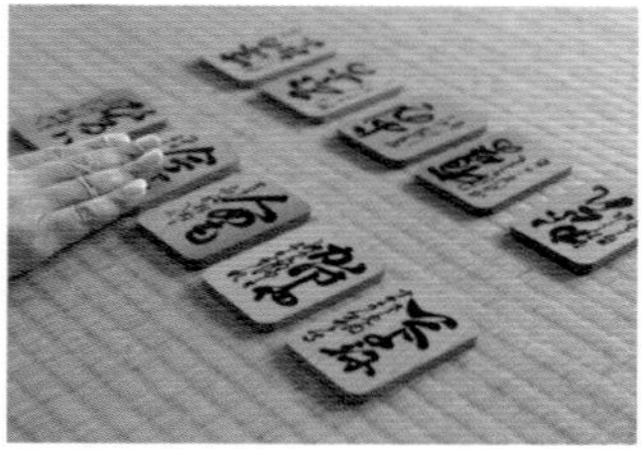

說到「百人一首」的玩法，一般都是詠唱者從上句開始朗誦，玩家搶奪寫著下句的紙牌。譬如抽到「仲秋之田圃，我居田間茅草屋，苫編頂稀疏／夜露沾上我衣袖，衣角袖口漸濕涼」這首和歌，詠唱者就從「仲秋之田圃……」開始朗誦，玩家則搶奪寫著下句「夜露沾上我衣袖，衣角袖口漸濕涼」的紙牌。所以若想精進百人一首，就必須上下句一起背誦。但這個認知並不適用於北海道，因為北海道的百人一首又被稱為「下句歌牌」，朗誦者只朗誦下句，而玩家則 **3** 人一組，與對手搶奪寫著下句的木牌。「下句歌牌」的起源眾說紛紜，有一說認為發源於會津若松，明治時代之後由屯田兵 ※ 帶入北海道，但真相不得而知。

※ 屯田兵：日本明治時代為保衛和開拓疆域而在北海道各地組建的民兵。

北海道的人不知道什麼是「抽和尚」

「下句歌牌」的朗誦牌雖然也寫著上句，但朗誦的時候只朗誦下句。此外朗誦牌上沒有插圖，只有文字，這點也很特殊。日本通用的百人一首朗誦牌上都畫著這首和歌的作者，通常會根據其形象，將牌分成「殿下」、「公主」與「和尚」三類，玩「抽和尚」※ 的遊戲。但下句歌牌的朗誦牌沒有插圖，所以據說北海道的人不知道什麼是「抽和尚」。

※ 抽和尚（坊主めくり）：玩法是在中央擺著兩疊牌，玩家輪流從其中一疊拿取最上面的牌，抽到「殿下」可將牌保留，抽到「和尚」必須把手上的牌放入牌池，抽到「公主」則可以把牌池中的牌全部收走，最後比賽誰手上的牌比較多。

風鈴

ふうりん

高岡市

富山縣

奧州市

岩手縣

黃銅製成的是「高岡市的風鈴」

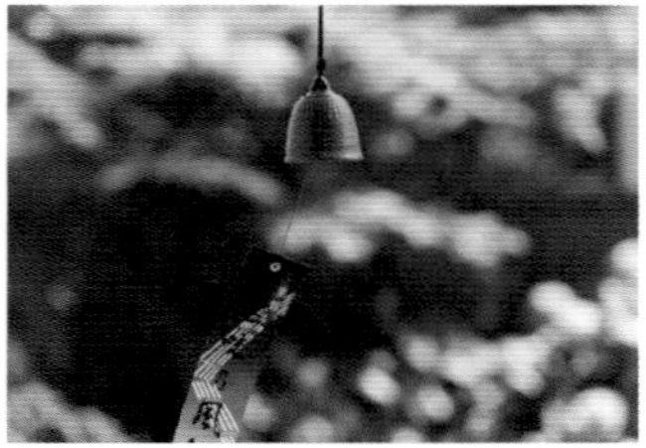

鐵製的是「奧州市的風鈴」

「高岡市的風鈴」是運用當地傳統產業「高岡銅器」的加工技術製成的黃銅（銅鋅合金）風鈴。據說江戶時代初期，治理高岡的前田利長請來了 7 名鑄物師，銅器產業遂開始在當地發展。鑄物師指的是將熔融金屬倒入模具製作器皿等製品的工匠，他們建立的鑄物工廠即是現在「高岡銅器」的起源。高岡當地製作許多流通全日本的銅製品，不少全國知名的梵鐘與銅像都是在高岡製作的。另一方面，「奧州市的風鈴」則是運用當地傳統產業「南部鐵器」的技術製作。據說平安時代末期，奧州藤原氏初代當主藤原清衡從近江 ※ 找來鑄物師，製作了許多鐵製佛具，於是奧州市的南部鐵器產業便開始發展。觀察各種素材製作出來的風鈴，就能窺見日本各地的傳統產業。

※ 近江：日本令制國國名，相當於現在的滋賀縣。

「能作」與「及春鑄造所」製造出音色清亮的風鈴

協助我們拍攝「高岡市的風鈴」的是當地的「株式會社 能作」，這裡的黃銅風鈴都是職人一個個使用金工車床修飾而成，以造形簡約而洗鍊為特徵。至於協助我們拍攝「奧州市的風鈴」的則是當地的「有限會社 及春鑄造所」，該公司在製作南部鐵器風鈴方面，擁有業界第一的生產力，此外也生產不少貓頭鷹等造形的有趣風鈴。這次的採訪讓我了解到風鈴背後的深奧學問，下次還想去看看聚集了日本全國風鈴的「風鈴祭」。

京都府

御手洗糰子

みたらし団子

東京都

每串有4顆糰子的是「東京都的御手洗糰子」

每串有5顆糰子的是「京都府的御手洗糰子」

京都府的御手洗糰子通常一串 **5** 顆，數量與東京都的不同。這是因為京都府把糰子當成祭祀神明的供品，這 **5** 個糰子分別代表頭、雙手與雙腳。「加茂御手洗茶屋」被視為御手洗糰子的創始店，這裡販賣的糰子串上代表頭的那顆與代表手腳 **4** 顆糰子分得較開，就是源自於其人偶的意義。至於東京的御手洗糰子通常是一串 **4** 顆。這是因為江戶時代發行了「四文錢」的貨幣，而當時的糰子 **1** 顆賣 **1** 文錢，**1** 串 **5** 顆就賣 **5** 文錢，但這樣的話就不方便用四文錢來付，所以為了配合「四文」這樣的貨幣單位，就做成了 **1** 串 **4** 顆。

受到當地人喜愛的「舊二條 鳴海餅」與「伊勢屋 本店」

協助我們拍攝「京都府的御手洗糰子」的是位於京都市中京區的「舊二條 鳴海餅」，這裡不只販賣糰子、甜饅頭，還有紅豆飯與麻糬等種類豐富的商品，是受到當地人喜愛的店家。自家製的紅豆餡是從豆子開始熬煮，相當講究。至於協助我們拍攝「東京都的御手洗糰子」的則是位於東京都八王子市的「伊勢屋 本店」，看到店門口的擺飾就知道御手洗糰子是本店的招牌商品，1 串只賣 60 日圓，相當便宜。店內還有可以喝杯茶的內用空間，採訪當時顧客也絡繹不絕。我在這次的採訪中發現，東京的御手洗糰子與京都的口味有所不同，東京的糰子較能感受到醬油的鹹味。大家不妨比較看看。

難以用「縣」劃分的文化差異

～想要製作日本全國文化圈地圖～

每當電視節目介紹「在某某縣，這樣的事情是常識喔。」之類的資訊，網路上就會出現有點生氣的留言，澄清說「才不是這麼一回事呢！」

我雖然不覺得節目上的資訊本身有錯，但卻可以理解為什麼會有一定數量的人吐槽「才不是！」因為文化原本就很難用「縣」來劃分。

我在「鯛魚飯」（P92）的解說中也提到，愛媛縣東側的「東予」、中央的「中予」與西側的「南予」分屬不同的文化圈。此外，在介紹「芋煮」（P28）時雖然說山形市是「牛肉＆醬油口味」、仙台市是「豬肉＆味噌口味」，但靠日本海的鶴岡市與酒田市等庄內地區，雖然位在山形縣內，卻與仙台市一樣都是「豬肉＆味噌口味」。

同一個縣之所以會像這樣擁有不同的文化，是因為現在的行政區並不是以文化為基準劃分。再說，現行的 **47** 都道府縣也是明治時代以後劃分的。想當然爾，所謂的文化是從古到今代代相傳、累積而成的，不可能用現在的行政區域界線分得一清二楚。所以當電視上報導「某某縣吃某某食物」時，有人跳出來說「我身邊的人都不吃這個」，就

照片中是製作「今治烤雞肉串」的景象。今治市的造船業發達，取得鐵板、製作烤台都相對容易，這或許就是使用鐵板料理烤雞肉串的原因之一。右邊照片中的道具稱為「熨斗」，用熨斗邊壓邊烤以達到「蒸烤」的效果。這種烤雞肉串屬於今治市獨特的文化，而非愛媛縣整體的文化。

某種意義來看也是理所當然的事情。

所以我很想製作「全國文化圈地圖」。日本很多地方都像前述的愛媛縣或山形縣那樣，在同一個縣內有著不同的文化圈。譬如靜岡縣就分成東部、中部與西部，富山縣則以中央的吳羽丘陵為界，丘陵以東稱為吳東，以西稱為吳西，分屬關東與關西兩個不同的文化圈。

此外，北海道也相當耐人尋味。明治時代之後，渡海來到北海道的人來自日本全國各地，因此北海道內應該散布著各地的文化。我想製作北海道內的文化地圖，應該會非常有趣吧。

其實東京也很有趣。譬如上野與淺草一帶稱為「下町」※，那麼下町有明確的界線嗎？下町文化與其他文化又有什麼不同呢？這相當耐人尋味呢。

像這樣以「文化圈」的角度製作日本地圖的話，想必能透過不同的眼光看見日本、享受日本。

關於這本《日本大不同：縱橫日本篇》的續篇，我想試著把同一個縣內的文化差異當成主題。

※ 下町：原指東京地勢較低的地區，在江戶時代被規劃為商人與工匠生活的聚落，包含淺草、神田、日本橋、本所、深川等地。

姓氏（みょうじ）

西日本

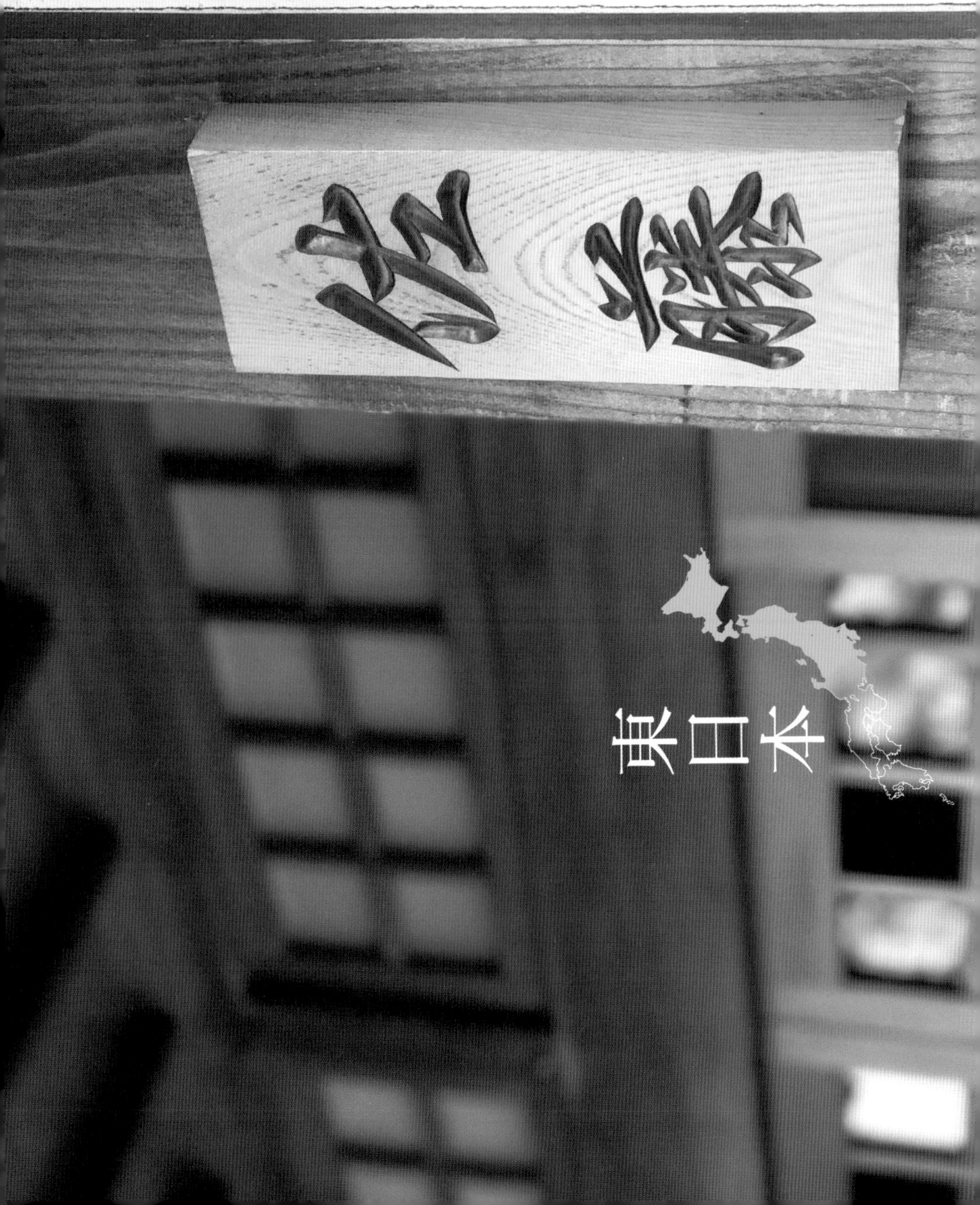

東日本

「西日本的姓氏」較多田中、山本

「東日本的姓氏」較多佐藤、鈴木

日本人的姓氏有個分布的特徵，大致來說，西日本較多人姓田中、山本，東日本則較多人姓佐藤、鈴木。田中這個姓氏來自稻田，而溫暖的西日本過去盛行稻作，因此這個姓氏在當地較多。至於山本這個姓氏，則來自山麓這個地形特徵，因此多分布於北陸、近畿、中國、四國地方。而佐藤這個姓氏，源自於平安時代建立貴族文化的藤原氏下級官僚，他們自稱佐藤，並大舉前往當時還是新天地的東日本，因此當地很多姓佐藤的人。鈴木則是誕生於紀伊半島熊野的姓氏，因為宣揚熊野信仰、行遍各地的修道僧而擴及日本全國，其中最興盛的是三河地區的鈴木一族，後來出身自三河的德川家康在江戶建立據點，鈴木一族也隨家康前往江戶，因此鈴木這個姓氏在關東較多。

東日本與西日本的「中島」讀音之謎

在姓氏讀音方面，有西日本清音較多、東日本濁音較多的傾向。譬如「中島」在西日本讀作「NAKASHIMA」，在東日本則讀作「NAKAJIMA」，而山崎則分別讀作「YAMASAKI」和「YAMAZAKI」，濱崎則分別讀作「HAMASAKI」、「HAMAZAKI」等等。導致這樣傾向的理由眾說紛紜，有一說認為關西自古以來就喜歡清音澄澈的語感，但也並非定論。不過，譬如「研究所」之類的詞彙，在關東與關西確實分別讀作「KENKYUJO」、「KENKYUSHO」。京都出身的我回想了一番，以前同班的山崎同學確實唸作「YAMASAKI」，附近的研究所機構也讀作「KENKYUSHO」。大家一般又是怎麼讀的呢？

烤雞肉串

焼き鳥

今治市

東松山市
埼玉縣

「東松山市的烤雞肉串」使用的是豬頭肉

「今治市的烤雞肉串」是鐵板烤雞皮

日文中的「燒鳥」指的一般都是雞肉做成的串燒，也就是烤雞肉串。但以「烤雞肉串」聞名的愛媛縣今治市與埼玉縣東松山市，端出的料理卻與一般的認知相差甚遠。今治市的烤雞肉串最大的特徵就是以鐵板燒烤，其中不可缺少的部位是雞皮，以沉重的鐵塊邊壓邊蒸烤，能夠去除多餘的脂肪，將雞皮烤得香酥。第一道先點這道烤雞皮，最後再以當地稱為「千斬切」的炸雞收尾，這就是今治風格的吃法。至於東松山市的烤雞肉串（焼きとり），用的則是豬的內臟與豬肉。最受歡迎的是豬頸上方的「豬頭肉」（カシラ），在東松山會蘸味噌醬汁食用。而各店的味噌醬汁各有獨特的口味，成為每家店的特色。

改變烤雞肉串概念的「燒鳥丸屋」與「燒鳥桂馬」

協助我們拍攝「今治市的烤雞肉串」的是當地的「燒鳥丸屋」（焼き鳥まる屋），除了經典的雞皮之外，加了雞蛋的月見雞肉丸（つっきね）和香菇鑲肉也都非常美味。與爽朗的店員聊天也很有趣，是一家非常能夠放鬆的店。至於協助我們拍攝「東松山市的烤雞肉串」的則是當地的「燒鳥桂馬」（焼きとり桂馬），除了與高雅醬汁滋味絕妙搭配的豬頭肉之外，還有燉豬雜等料理，每一道都是絕品美味。這兩家名店都大大地改變了烤雞肉串的概念，大家不妨前去一試。

岡部敬史的

我試著設計了居酒屋「東京」的菜單

為這本書進行採訪時，我受到東京的各地鄉土料理店與物產店許多照顧。「東京真的什麼都有啊。」正當我這麼想的時候，突然閃過了一個念頭。

「該不會這世界上沒有提供東京鄉土料理的店家吧？」

我指的可不是江戶前壽司或文字燒之類的餐廳喔，而是開在外地的東京料理店，就像東京有「北海道居酒屋」那樣。或許說，大阪會不會有名為「東京」的居酒屋呢？我稍微調查了一下，（我想）果然沒有。這說不定是個大發現呢。如果在東京以外的地方，開一間以「東京」為主題的居酒屋，應該會大紅吧？

或許會有人懷疑「以東京為主題的店家，能

關東居酒屋常見的「梅水晶」，在關西卻很稀奇。鯊魚軟骨脆脆的口感非常有趣。

「炸豬肝」是將新鮮豬肝切成薄片油炸的料理。受到東京的月島與佃等地區的喜愛。

關東的豆皮壽司是圓筒形，關西是三角形。

夠端出有趣的菜色嗎？」當然可以，而且還有很多呢。

以前和關西的朋友一起前往東京的居酒屋時，朋友說「我沒喝過麥芽氣泡飲（Hoppy）」。

我告訴他「如果點麥芽氣泡飲調酒，就會送上一瓶麥芽氣泡飲，和一個裝了燒酎的杯子，喝的時候就摻在一起喝。如果燒酎喝完了，只要和店員說『幫我續杯』，店員就會幫你加燒酎喔」。

後來朋友就喝得很開心。這位朋友也不知道菜單上的「梅水晶」是什麼。梅水晶是將鯊魚軟骨與梅肉拌在一起的料理，在關東的居酒屋是經典菜色，但在關西卻幾乎沒看過。

無論是麥芽氣泡飲，還是梅水晶，都不是「關西沒有」，而是不像東京那麼普遍。如果這些菜色也算在內，應該就足以讓居酒屋「東京」成立了吧。

於是我問了喜歡喝酒的東京人朋友，這家居酒屋應該要有哪些菜色比較好呢？結果他們提供了很多建議。

「關東的白蔥在關西很少見吧。或許可以用小火鍋提供白蔥搭配鮪魚的『蔥鮪鍋』。」

江戶名菜「蔥鮪鍋」搭配的通常是千住蔥，不如就一起提供烤千住蔥的單品料理吧。而且鮪魚的赤身也可以做成生魚片提供，醋醃小鰶魚也不錯。

「把烤海苔裝進炭箱裡端上桌如何呢？」

東京風雅的蕎麥麵店，為了讓客人享受烤海苔爽脆的口感，會放進裝入炭火的箱子端上桌，真的很講究。如果提供這道料理，一定能夠因為很稀奇而讓顧客滿意吧。說到蕎麥麵店，「不串的烤雞肉串」也不錯，這是一道味醂風味鮮明的料理，應該很有東京特色。

「小松菜也是東京的蔬菜吧，還有土當歸之類的。」

據說小松菜是一種東京蔬菜，由於是在東京都江戶川區的「小松川」這個地方採收，就根據地名取名為「小松菜」。土當歸則以莖長而柔軟聞名，在日本被用來形容四肢發達的人（うどの大木），而東京都立川市等地正盛產土當歸。至於東京有名的練馬蘿蔔，也做成被視為東京醃漬物的「麴漬」來賣吧。

「滷菜呢？可以滷成顏色稍微深一點的東京風格。」

「關東與關西的馬鈴薯燉肉也不一樣吧。大阪用的好像是牛肉，所以用豬肉煮成東京風格的馬鈴薯燉肉，應該會很有趣不是嗎？」

這些「有趣」的點子很不錯。雖然不久以前，還有不少人對東京文化表示抗拒，覺得「醬油湯底的烏龍麵難以入口」，但我覺得，最近能夠享受這種差異的人愈來愈多了。關東風格的馬鈴薯燉肉，應該也能讓客人覺得新奇吧。

「果然還是少不了竹輪麩吧？」

竹輪麩是用小麥粉與魚漿製成的加工食品，屬於關東黑輪的必備食材，但在關西幾乎沒有看過，所以也一定要加進菜單裡。

最後的收尾料理，就決定用我最喜歡的可樂餅蕎麥麵，以及使用東京代表香鬆「錦松梅」製成的飯糰。圓筒形的豆皮壽司也不錯。甜點的話就把「素甘糕」（P14）與東京的善哉紅豆湯列進去吧。

於是，廣納各方意見的「東京」居酒屋菜單就大功告成了。像這樣重新審視一遍就會發現，東京確實擁有當地特色。拋下「東京什麼都有」的成見，尋找「東京才有」的事物，是一件相當有趣的事情。

這讓我瘋狂湧現了想要一嘗「東京」居酒屋的欲望。就算是一日快閃店也好，如果有店家願意協助，請務必和我聯絡！

居酒屋「東京」的菜單

＜餐點＞

鮪魚生魚片（赤身）	500 日圓	下町炸豬肝	500 日圓
醋醃小鰶魚	500 日圓	燉菜	400 日圓
蔥鮪小火鍋	700 日圓	竹輪麩綜合黑輪	500 日圓
烤千住蔥	400 日圓	不串的烤雞肉串	500 日圓
涼拌土當歸	400 日圓	錦松梅飯糰（2 個）	500 日圓
梅水晶	400 日圓	圓筒形豆皮壽司（2 個）	500 日圓
涼拌小松菜	400 日圓		
練馬蘿蔔麴漬	400 日圓	乾瓢捲	500 日圓
佃島產海瓜子佃煮	500 日圓	漬鮪魚茶泡飯	500 日圓
烤海苔（以炭箱提供）	400 日圓	熱湯蕎麥麵	400 日圓
東京風滷根菜	500 日圓	可樂餅蕎麥麵	500 日圓
東京風馬鈴薯燉肉	600 日圓	素甘糕（甜點）	300 日圓
		東京善哉（甜點）	500 日圓

＜飲料＞

惠比壽啤酒　中瓶	500 日圓	檸檬沙瓦	400 日圓
龜甲宮燒酎	400 日圓	電氣白蘭地	400 日圓
麥芽氣泡飲調酒（白．黑）	400 日圓	日本酒（澤乃井）純米	500 日圓
		日本酒（嘉泉）純米	400 日圓
威士忌風調酒	400 日圓	東京狹山茶（熱．冰）	300 日圓
梅醋調酒	400 日圓		

＊定價全憑我自己的感覺，心想「如果以這樣的價格販賣就好了」，沒什麼特別的意思，不確定實際上是否能以這樣的價格提供喔。

蕨餅

わらび餅

關西

關東

「關東的蕨餅」除了裹黃豆粉還會附上黑糖蜜

「關西的蕨餅」只會裹黃豆粉賣

「蕨餅」是日式甜點的經典代表，關東的店家在販賣時通常會附上黑糖蜜，但這樣的提供方式在關西卻不常見，究竟為何會產生這樣的差異呢。採訪「毬果饅頭」（P16）時，協助拍攝的埼玉縣鴻巢市「木村屋製菓舖」的老闆告訴我：「儘管沒有黑糖蜜就已經夠好吃了，但還是會有人跟我們要黑糖蜜，所以就附上了。大概是因為有些人把蕨餅和信玄餅搞混了吧」。他口中的「信玄餅」是山梨縣的知名點心，以糯米粉製成的麻糬上撒滿了黃豆粉，吃的時候會淋上黑糖蜜品嘗。而蕨餅也像這樣撒滿黃豆粉，所以或許是有些人以為吃法和信玄餅一樣而要求店家提供黑糖蜜，於是附上黑糖蜜的販賣方式就這樣固定下來了。

只有「關西」會在肉包上加黃芥末？

像蕨餅這種關東與關西蘸醬習慣不同的，還有肉包（關西稱為「豬肉包」）。關西的肉包通常是蘸著黃芥末吃，但在關東卻沒有這樣的習慣。附帶一提，九州一般似乎會蘸醋醬油品嘗。

Another photo column

照片中的採訪趣事

熱鬧

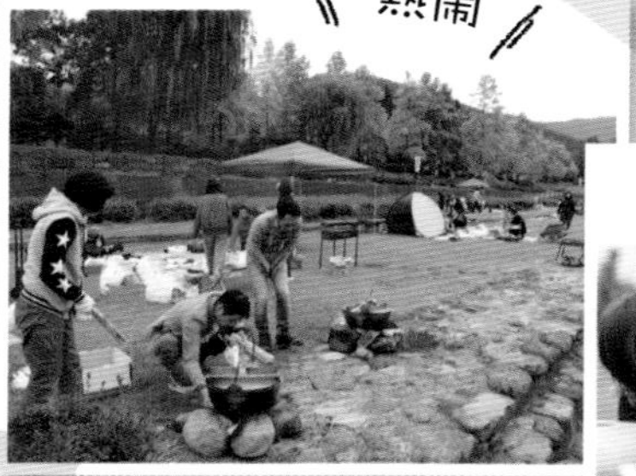

非常震撼

本書的第一個拍攝工作是去年（2017 年）10 月在山形市馬見崎川河畔舉行的「芋煮會」。負責設計本書的佐藤美幸女士就住在山形，於是我們請她舉辦可以同時品嘗山形風格與仙台風格芋煮的芋煮大會，我們則以參與的形式拍攝。也謝謝來參加的可愛小不點們。

拍攝完山形縣的「芋煮」後，在回東京的路上前往拍攝「仙台大觀音」。由於大觀音的身影比想像中的更接近市區，讓人莫名地覺得巨大。至於另外擇日造訪的「牛久大佛」，或許是因為比想像中的更融入四周的森林與田園風景吧，給人的感覺反而沒有那麼大。就震撼程度而言，仙台的大獲全勝。

好想喝
啤酒！

好高!!!
頭暈目眩

這次的拍攝工作造訪了許多美味的店家。其中之一就是位於埼玉縣東松山市的「燒鳥桂馬」。照片中還沒烤好的豬頭肉看起來已非常美味，由此也能感受店家嚴謹的工作態度呢。右邊照片中的也是這家店的名菜「燉豬雜」。這道菜其實是坐在隔壁位子的歌手請我們吃的。多謝招待！

我們為了拍攝「水壩咖哩」而前往東京奧多摩町的「小河內水壩」。我是第一次這麼近距離參觀水壩，壯觀的風景真的很棒，我完全可以理解水壩迷的心情。不過配合水壩的形狀提供各具特色的咖哩，還真是個很優秀的點子。有此創意的人實在太了不起了。

Another photo column

帥氣

我們為了拍攝「狗」，前去叨擾了「日本犬保存協會」的展示會。飼主聽到我們問「可以拍照嗎？」都很高興地回答「當然！」所以我們也很愉快地尋找拍攝對象。山出攝影師躺在草皮上所拍攝出的照片也都拍得非常好。

懷舊又可愛

5月的遠征行程安排了3天2夜，從愛媛縣的松山到今治，經過香川縣的丸龜，再繞到大阪、京都、滋賀。第一天先搭飛機到松山，拍攝市內的照片，這時路面電車帶來莫大的幫助，不只便利，懷舊的氣氛也很棒。

彷彿出現在
知名動畫電影中
的氣氛…!!

我們趁著採訪的空檔，搭乘路面電車前往夏目漱石過去也時常造訪的道後溫泉。雖然還有 40 分鐘就要進行下一個採訪，但我們心想「既然來到這裡，就泡一下吧」，於是買了附茶點的入浴券，匆忙地泡了個澡。真是神清氣爽！松山市將歷史元素巧妙融合到街道上的這點相當出色。

這裡不只有
烏龍麵！

我們得知香川縣丸龜市的「丸龜城」是一座石垣名城，因此前往拍攝。我甚至可以斷言，這是我至今看過最棒的城。就如各位所見，不僅石垣的遠景很美，「現存 12 天守」之一的天守閣也很有味道。非常值得一訪。

撰文・岡部敬史

我在《日本說話傳說大事典》（志村有弘、諏訪春雄編，勉誠出版）中讀到，「稻草富翁」這則民間故事有「觀音祈願型」與「三年味噌型」兩個版本。前者是主角聽從觀音菩薩在夢中的指示，把撿來的稻草依序換成蒼蠅、水果、布匹、馬匹、稻田的故事；後者則是年輕的主角聽到大富翁說「如果你能靠著三根稻草賺得千兩金，就招你為贅婿」，於是他就把稻草依序換成蓮葉、味噌、刀、千兩金的故事。「味噌型」的故事我是第一次聽到，不過根據書中內容，這個故事在沖繩縣的宜野灣市、鹿兒島市、香川縣高松市、岩手縣花卷市、青森縣石黑市等地流傳。我以前聽說節分時撒花生而非黃豆的地方，除了北海道與東北之外，還有宮崎與鹿兒島。當時我也十分驚訝，九州與距離遙遠的東北竟然具有共通點，這種不可思議的謎團莫名地有魅力吧。本書中也寫到，對現代人而言，「搞不清楚的事情」才有趣。這項從《日本大不同：決戰東西篇》開始的日本文化比較企劃，讓我愈做愈感興趣。

本書已經是《用眼睛看的詞彙》系列叢書的第 **11** 本，感謝所有在採訪中幫助我的人。這是一部很棒的作品，也讓我感受到藉由工作前往全國各地旅行的幸福。我希望日後還能與山出攝影師、設計師佐藤美幸女士一起創作更棒的作品，今後也請大家多多指教。

攝影・山出高士

本書中介紹了我長年來一直很好奇的「毬果饅頭」（P16），能夠把日野町與鴻巢市的照片並排呈現，讓我覺得非常滿足。而且還在專欄單元刊出三河「毬果饅頭」與金澤「毬果萬頭」的照片，更像作夢一樣。三河的毬果饅頭攝於 **2011** 年，因此其實是耗費了八年取材的大工程。除了專欄中介紹的山形縣藏王溫泉與吳市之外，全國似乎還有許多毬果饅頭的同伴，研究對象多到無窮無盡。希望總有一天能出一本《毬果饅頭大不同》，更仔細地介紹毬果饅頭，但不知道東京書籍的藤田編輯，會不會讓我提出的企劃通過呢？

撰寫另一個專欄主題「醬油」時，也得到了出乎意料的結果，最甜的竟然是岩手縣釜石的醬油。日本各地除了偏甜的醬油之外，似乎還有很多特色強烈的醬油。而我也很後悔這次沒有把關西的淡醬油加入比較陣容中。在尚待出版的《醬油大不同》中，可以網羅「高湯醬油」，甚至「魚醬」，呈現比壺底油更濃厚的內容給讀者。但我的詞彙量不足以表達其中微妙的滋味差異，所以我會盡全力拍攝，至於編輯撰稿方面，想必會比平常更仰賴岡部先生（笑）。

我認為這本書製作得相當有趣，讓讀者能夠透過兩種事物的比較，發現各自的魅力。設計師佐藤女士為我們帶來美觀的設計，她的工作態度誰也比不上，就讓本書結束在我對她的感謝當中。我很感恩這次仍然能夠由陣容相同的 **4** 人團隊為讀者獻上這本書，也感謝協助我們採訪的各位。

撮影協助 ＊省略敬稱

石松餃子
伊勢屋 本店
大阪屋
かぎや菓子舗
カゴアミドリ
カタクリの花
歌舞伎町 つるかめ食堂
株式会社 神宗
株式会社 錦松梅
株式会社 廣榮堂
株式会社 能作
株式会社 まるへい
丸水 松山店
キッチンフライパン
木村屋製菓舗
旧二條 鳴海餅
協同組合 宇都宮餃子会
キンボシ株式会社
公益社団法人日本犬保存会東京支部
高知新聞社
shiokara
泰興楼八重洲本店
大寅蒲鉾株式会社
谷田製菓株式会社
多摩動物公園
千歳山こんにゃく店
定食専門店 いててや
東華菜館
中島曜子
二代目福治郎
乃利松食品 吉井商店
ふくい軒
本家 磯田
松山鯛めし 秋嘉
丸う田代
やきとり桂馬
焼き鳥まる屋
有限会社 及春鋳造所
旅館たにがわ

主要參考書目

《カゴアミドリのかごの本》
（伊藤征一郎、伊藤朝子著，マイナビ）

《醤油手帖》
（杉村哲著，河出書房新社）

《調べる！ 47 都道府県 生産と消費で見る日本》
（こどもくらぶ編，同友館）

《図解雑学 こんなに面白い民俗学》
（八木透、政岡伸洋編著，ナツメ社）

《大辞林》
（iPhone APP，物書堂）

《東北のテマヒマ》
（21_21 DESIGN SIGHT 著，マガジンハウス）

《なぜ「田中さん」は西日本に多いのか》
（小林明著，日経プレミアシリーズ）

《なぞのアジア納豆 そして帰ってきた＜日本納豆＞》
（高野秀行著，新潮社）

《日本人の暮らし大発見！1　食のひみつ》
（新谷尚紀著，学研プラス）

《日本説話伝説大事典》
（志村有弘、諏訪春雄編，勉誠出版）

《にっぽんの基礎知識 諸国名物地図》
（市川健夫監修，東京書籍）

《晴れた日は巨大仏を見に》
（宮田珠己著，幻冬舎文庫）

《方言の絵事典》
（真田信治監修，PHP 研究所）

《もう一度学びたい日本の城》
（中山良昭著，西東社）

《モグラ博士のモグラの話》
（川田伸一郎著，岩波ジュニア新書）

《読む・知る・愉しむ 民俗学がわかる事典》
（新谷尚紀編著，日本実業出版）

岡部敬史

1972 年出生於京都府，早稻田大學第一文學部畢業。曾在出版社工作，現以作家、著述家、編輯的身分活動。著作包括《世界大不同》、《時代大不同　昭和與平成》、《用眼睛看的詞彙》、《詞彙大不同》（以上由東京書籍出版）、《基礎教養　日本史的英雄》（扶桑社）、《風雲人物指南解體新書》（LEED）等，並經營個人部落格「岡部敬史編輯記」（おかべたかしの編集記）。
如需聯絡，請來信至：spoonbooks-to@yahoo.co.jp

山出高士

1970 年出生於三重縣。師事梅田雅揚，1995 年成為自由攝影師。除了與《散步達人》（交通新聞社）、《周刊 SPA!》（扶桑社）等雜誌媒體合作，也參與「川崎大師」的海報製作。2007 年開始以小小的工作室「GAMASUTA」為據點活動。著作包括《世界大不同》、《時代大不同　昭和與平成》、《用眼睛看的詞彙》、《詞彙大不同》（東京書籍）等等。也在《改變人生的 50 道昆蟲料理》（木谷美咲、山內昭一著，山與溪谷社）、《二次元角色銅像巡禮》（楠見清、南信長著，扶桑社）中負責攝影。

日本大不同：縱橫日本篇

くらべる日本 東西南北

文字——岡部敬史
攝影——山出高士
譯者——林詠純
執行長——陳蕙慧
行銷總監——李逸文
行銷企劃——尹子麟、張元慧
編輯——陳柔君、徐昉驊
封面設計——廖韡
排版——簡單瑛設

社長——郭重興
發行人兼
出版總監——曾大福
出版者——遠足文化事業股份有限公司
地址——231 新北市新店區民權路 108-2 號 9 樓
電話——(02)2218-1417
傳真——(02)2218-0727
郵撥帳號——19504465
客服專線——0800-221-029
網址——http://www.bookrep.com.tw
Facebook——日本文化觀察局
（https://www.facebook.com/saikounippon/）
法律顧問——華洋法律事務所 蘇文生律師
印製——呈靖彩藝有限公司

國家圖書館出版品預行編目 (CIP) 資料

日本大不同 . 縱橫日本篇 / 岡部敬史文字 ; 林詠純譯 . -- 初版 . -- 新北市 : 遠足文化 , 2019.11
面； 公分
譯自：くらべる日本 : 東西南北
ISBN 978-986-508-039-6 (平裝)

1. 風俗 2. 文化 3. 日本

538.831 108016687

初版一刷 西元 2019 年 11 月

Printed in Taiwan